浦睿文化　出品

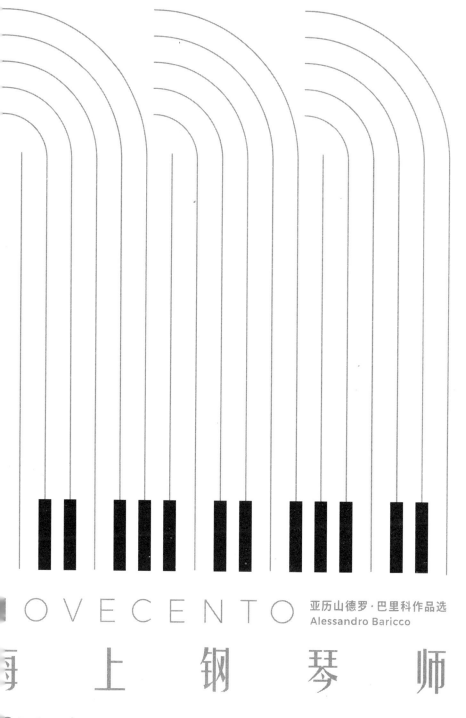

NOVECENTO
Alessandro Baricco

亚历山德罗·巴里科作品选

海 上 钢 琴 师

S 湖南文艺出版社
HUNAN LITERATURE AND ART PUBLISHING HOUSE

[意]亚历山德罗·巴里科——著   吴正仪／周帆——译

目 录

海上钢琴师

周帆 译

谨以此书献给演员奥杰尼·阿莱格里以及导演卡布里埃·瓦切斯。在今年六月的阿斯蒂艺术节上，他们首先公演了此剧。不知道这是否可以作为我写下这部作品的原因，我有些怀疑。此刻，我看见它已被编纂成书，更感到它似乎是在一幅舞台布景与一篇需高声诵读的小说之间摇摆。我想，此类文体也许没有一个名字。总之，不太重要了。对我来说，这是个美丽的故事，值得一叙。另外，我喜欢想象某人读到本作品的模样。

亚历山德罗·巴里科

一九九四年九月

献给芭芭拉

当一个人在某一个时刻抬起头的时候，就会……就会望见她。这真是一件让人琢磨不透的怪事。我是说，在海船上，有超过一千多号人，在惊涛骇浪之中，在移民之中，在怪诞的人群之中，我们之中，却总会有那么一个人，就一个人，首先望见了她。

　　也许他只是在那里吃东西，或者只是在散步，或者只是伫立在舰桥上……只是在那里紧紧裤带，刹那间，他抬起头，向汪洋中一瞥，却看见了她。

　　于是，他会怔在那里，思绪万千地怔在那里。每次都是这样，我可以发誓。然后他转向我们，向着这艘海轮，向着所有人，（悠长地）呼喊出："美——洲——"他会站在那儿纹丝不动，就像进入了一帧照片。那副神情，就仿佛美洲是他创造出来的一样。也许是在某个夜晚，在周日或是下班以后，是他那个刷墙工的小舅子帮了他的忙。他真是个好人，本想谢谢他来着。挽手之间，美洲就被创造出来了……

　　第一个望见美洲的人，每艘船上都有一个。可别以为这是件偶然的事情，不是的。也不是因果报应的问题，那是命运。那一刻，在这些人的生命中早就烙上了印记。当他们还是孩子的时候，你就可以从他们的眼睛中看得出来，只要你用心看，就可以看见她——美洲，已经从那里呼之欲出，在能感知的神经与血管中滑动，直至头颅与喉舌，被那声呼喊填压到了后面（叫喊出）："美——洲——"一切就蕴育在孩童的眼神里，美洲的一切。

蕴育并等待着。

这些都是丹尼·布德曼·T. D. 柠檬·一九○○——这位海上最伟大的钢琴演奏师教给我的。在人们的眼中，可以看见那些他们即将看到的东西，而不是那些已经看到的。他就是这样说的：那些即将看到的。

美洲，我见得多了。在我六年的船上生涯中，每年都会在美洲和欧洲之间的大洋上穿梭五六次，下船的时候，在厕所里都尿不直了。当他早已平静的时候，而你，你却在摇晃。从船上还可以下得来，但要跳出海洋……当我踏上这艘船时，我十七岁。在我的生命中，只有一件重要的事情——吹小号。当"弗吉尼亚人号"快轮在岸边招募人手的时候，我就去排了队。

我和我的小号。

一九二七年一月。

"我们已经有人了。"船上的某人说。我知道，却径自吹起了小号。他愣在那里，一动不动地看了我一会儿。我吹完之前，他一直沉默不语，然后才问道：

——刚才那是什么？

——我也不知道。

他的眼睛一亮。

——当你也不知道的时候，那就是爵士乐。

他嘴边挂着一丝怪异的神情，也许是一丝微笑，那里有一颗金牙，居于正中，有点放在橱窗中向人们展示一下的意思。

——上边的人会为这音乐疯狂的。

他指的是在船上。而那种微笑，意味着他们接受我了。

我们每天演奏三四次。首先是为了头等舱的有钱人，然后是二等舱，有时候我们也去贫苦的移民那里演奏，但不穿礼服，很随便。有时候，他们和我们一起，也弹上一阵。

我们一起吹奏，因为海洋太大了，让人生畏；我们一起吹奏也是为了让人们忘记时间的流逝，忘记他们在哪里，忘记他们自己是谁；我们一起吹奏还为了让大家跳舞，因为在跳舞的时候，你不但死不了，而且能感到上帝的存在。我们吹奏"拉格泰姆"[1]。在没有人看着他的时候，上帝也会应和着这种音乐跳舞。

能应和着这种音乐跳舞的上帝，一定是黑人。

1　拉格泰姆（Ragtime），美国流行音乐形式之一，产生于十九世纪末，是一种采用黑人旋律，依照切分音法循环主题与变形乐句等法则，结合而成的早期爵士乐。

演员下台，迪克西兰爵士乐[1]音乐响起，轻快中有几分诙谐。演员穿上优雅的船员爵士乐服重新上台，从这一刻起，表演时仿佛台上有一支乐队。

Ladies and Gentlemen, meine Damen und Herren, Signore e Signori, Mesdames et Messieurs[2]。欢迎乘坐这艘船，这座和泰坦尼克一模一样的"漂浮城市"。坐下，安静些，台下的那位很激动，我看得很清楚。欢迎来到海上，对了，你们这是干吗呢？打个赌，你们后脚一定跟着要账的吧，不过你们比淘金潮可晚了三十多年啦！你们一定是想上船看看，可是没留神船就开了，你们出来只是想买包烟来着，这会儿，你们的太太一定在警察局说，您是个好人，很正常，三十年来你们从未吵过架……那么，在这个离任何一个龌龊的世界三百海里，离下一轮呕吐还有两分钟的时刻，你们上来做什么呢？对不起，女士，我开玩笑的，请相信我吧，这艘船行驶起来就像是一个弹子球，海洋就是张弹子桌，"哒"，还有六天两小时四十七分钟……然后，"砰"的一声就进洞了，那就是——纽约！

---

1 迪克西兰爵士乐（Dixie），是一九一七年到一九二三年在新奥尔良和芝加哥等地的爵士乐手发展出来的早期爵士乐风。
2 分别是英语、德语、意大利语、法语，都是指"女士们、先生们"的意思。

乐队切到近景。

　　我觉得无需向你们解释这艘船是什么样的，从很多方面来说，这是一艘非同寻常的船，而且绝对是独一无二的。

　　驾驶者是史密斯船长（你们已经看到了，他住在救生艇中），他是个睿智的人，而且还以他的幽闭恐怖症而闻名。为你们服务的水手实际上也都超乎寻常，而且绝对是独一无二的专业人士。保罗·辛吉斯基，舵手，从前是个多愁善感的波兰神甫，但是很不幸，他失明了。比尔·扬，话务员，结巴子加左撇子，是个象棋高手。Klausermanspitzwegensdorfentag，随船医生，等你们有急事要叫他的时候，你们就会被玩得很惨。但首推的还是——巴丁先生，我们的大厨，他直接从巴黎来，在亲自验证了这艘船没有厨房的特殊环境后，便立刻打道回府了。

　　其他人也有观察敏锐的，比如十二舱的卡曼·波特先生，他抱怨说，脸盆里装满了蛋黄酱。怪事，一般我们都是把腊肠放在脸盆里的。因为我们没有厨房，也就导致我们缺少一个真正的厨师，本来定了是巴丁先生的。他从巴黎来又回巴黎去，带着在船上找到厨房的幻想。而老实说，这里没有厨房，得感谢这艘船的设计者，那位充满灵性、健忘而伟大的工程师卡米莱利。对于他举世闻名的健忘，我请你们致以最热烈的掌声……

乐队在近景。

请相信我，你们再也找不到这么一艘船。也许你们花些年头找，可以找到一个患有幽闭恐怖症的船长、一个失明的舵手、一个结巴的话务员、一个名字佶屈聱牙的医生，全都在同一艘船上，而且还没有厨房。有可能。但我可以发誓，这里的一切你们都无法复制：屁股坐在十厘米厚的沙发和百米深的水上，在大洋深处，眼前闪动着奇迹，耳中鸣响着天籁，脚下和着拍子，而心中却是那独一无二的、无可模仿的、无穷无尽的音符，来自——大西洋爵士乐队。

乐队在近景。演员逐个介绍乐器。

在每个名字后都伴着一声乐器鸣奏。

　　单簧管——"睡虫"山姆·华盛顿

　　班单琴——德奥斯卡

　　小号——蒂姆·图尼　·

　　大号——基姆·盖洛普

　　吉他——萨缪尔·霍克金斯

　　最后，是钢琴——丹尼·布德曼·T. D. 柠檬·一九〇〇。他举世无双。

　　他的确是这样，举世无双。我们演奏音乐，而他却不是，他演奏……那玩意在他演奏之前都不存在，好吗？在哪儿都不存在。当他从钢琴边站起来的时候，那东西就消失了，永远地消失了。丹尼·布德曼·T. D. 柠檬·一九〇〇，上次我见到他的时候，他正坐在一颗炸弹上。真的，他就坐在这么大的一颗炸弹的发条上。

　　这事儿说来话长。他说："只要你还有一段好故事，并能向某人讲述它，那你就不是在瞎折腾。"而他，就有一个好故事。他本身就是一个精彩的故事。只要一想到他，就让人疯狂，但近乎美丽。

　　那一天，他坐在炸弹上，把他的故事馈赠给了我。我是他最好的朋友，纵然我后来做了些蠢事，纵然我大头朝下也倒不出一个子儿，纵然我卖了我的小号和所有的东西，但是，那段故事，却从未被丢弃，仍然留在这里，清澈得无以言表，犹如大海中的一支音乐，从丹尼·布德曼·T. D. 柠檬·一九〇〇那架魔幻钢琴里飘了出来。

演员走向幕后。音响中乐队起，终结篇。在最后一个和弦之后，
演员重新登场。

　　是一个叫丹尼·布德曼的水手发现了他。在波士顿，一天早
晨，人群全部登岸之后，老布德曼在一个厚纸箱里发现了他，大
约十天了，十几天吧。他没有哭，睁着眼，独自一个人躺在纸箱中，
很安静。

　　有人把他放在了头等舱的舞厅里，在钢琴上。但他不像是头
等舱里出生的婴儿。通常，这种事只有移民才干得出来：在船上
悄悄分娩，然后把孩子遗弃在那里。并非是他们狠心，而是因为
贫穷，赤贫……有点像他们的衣服的故事，上来的时候，屁股上
都打着补丁，每个人周身的衣服都磨得稀烂，而且就只有那么一
件。然而，美洲毕竟是美洲，你看他们最后下船的时候，个个都
衣冠楚楚，还打着领带，大人、孩子都穿着那种白色的短袖衬衫。
总之，他们做得出来。在二十天的航程中，可以缝缝剪剪，最后
船上就再也找不到一扇窗帘、一条床单了，什么都没有了——都
变成了美洲赐予的上好衣衫。全家都有份，你还不好说什么。

　　而且，时不时地，有孩子被漏下。

　　对移民来说，孩子不仅是一张额外要填饱的嘴，而且在移民

局，意味着一大堆麻烦，还不如把他们留在船上，从某个角度来说，算是对窗帘和床单的补偿吧——这个孩子也不例外。他们一定再三斟酌过的：把他放在头等舱舞厅的大钢琴上，也许某个富翁会把他抱走，他将终生幸福。一个不错的计划，但只灵验了一半。他没有变成富翁，倒成了钢琴师，最优秀的钢琴师——我发誓，是最优秀的。

就这样，老布德曼在那儿捡到了他，本想找些能说明他身世的物件，但只在箱子外的纸皮上发现了一行字，用蓝墨水印着：T. D. 柠檬。还有一个图样，是一只柠檬，也是蓝色的。

丹尼是费城的一个黑人，高大魁梧得惊人。他抱起孩子，说："你好啊，柠檬。"他的身体里溢出了什么，那是一种当父亲的感觉。在他的一生中，丹尼始终确信"T. D."明显意味着"谢谢丹尼"[1]。这很荒谬，但他深信不疑，那孩子就是留给他的，他十分确信。T. D.，谢谢丹尼。

有一天，有人拿来了一份报纸，上面是一张宣传画，画着一个傻傻的大脸男人，留着浅浅的胡子，就是拉丁情人那种，还画着一只那么大的柠檬。边上的小字写着：Tano Damato，柠檬之王，Tano Damato，王者的柠檬，也不知道是证书、奖状还是别的什么。老布德曼却不屑一顾。他问："这个小丑是谁？"他要下那份报纸，是因为在广告的旁边有赛马的结果。他并不赌马，却喜欢马的名字，仅此而已。这是他的嗜好。他常说："听听这个，这边这个，

1　"谢谢丹尼"的英文为"Thanks Danny"，可以缩写为"T. D."。

昨天在克里弗兰跑的,他们叫它'找麻烦',知道吗?有这样的吗?还有这个,你看,叫'趁早领先'?不笑死人?"总之,他喜欢马的名字,那是他的爱好,谁赢了都无所谓,他只是喜欢那些名字。

他把他的名字给了那个孩子:丹尼·布德曼。他一生中唯一一次领受过这种荣光。然后他又加上了"T. D. 柠檬",和纸箱上的字一模一样,因为在名字中间加几个字母会显得优雅。"所有律师的名字里都有字母。"伯帝·布姆也很确定地说。他是个机械师,沾一位叫 P. T. K. 万德的律师的光,他在监狱里蹲了很长时间。"他要是当律师,我就宰了他。"老布德曼信誓旦旦地说。但那两个字母还是留在了那里,就这样,"丹尼·布德曼·T. D. 柠檬"这个名字就出笼了。好名字。老丹尼和其他人揣摩了一会儿,又念叨了一会儿。在机械舱的下面,没有开机器,大家却被波士顿港浸得湿漉漉的。"好名字,"老布德曼说,"不过,还缺些什么,还缺个漂亮的结尾。"的确,他还缺个漂亮的名缀。

"现在是星期二,"做服务生的山姆·斯达尔说,"既然你是星期二找到他的,就叫他星期二好了。"老丹尼想了一会儿,笑了:"好主意,山姆。我在这个糟糕透顶的新世纪里捡到了他,不是吗?就叫他'一九〇〇'好了。""一九〇〇?""一九〇〇。""但那是个数字啊。""过去是数字,现在是名字了。"丹尼·布德曼·T. D. 柠檬·一九〇〇。棒极了,优雅极了!好名字,上帝啊,真是个好名字。有这个名字,以后一定能成大器。

大家都伏在大纸箱上。丹尼·布德曼·T. D. 柠檬·一九〇〇望着他们，带着一丝微笑。大家一阵沉默，谁也不会想到，这个小小的孩子竟能闹出那么大的乱子。

老丹尼·布德曼又做了八年两个月零十一天的水手，后来在一场远洋深处的暴风雨中，被一只失控的滑轮击中了脊背。三天后，他死去了。脏器内部受损，无力回天。

一九○○那时还是个孩子，却坐在丹尼的床边，从未离开。三天里，他拿着一摞旧报纸，竭尽所能地把所有能找得到的赛马结果念给气息奄奄的老丹尼听。他的手紧紧地捏着报纸，目不转睛地用老丹尼教的方法把字母都拼起来，读得很慢，但是他在读。老丹尼就这样死在了芝加哥的第六轮马赛上："饮用水"以两个马身赢了"酱汤"，以五个马身赢了"深蓝"。面对这些名字，虽然他笑不出声来，却也能含笑离去了。

大家用帆布包裹他的尸体，把他归还给大海。在帆布上，印着一枝红色玫瑰，船长写下了："谢谢丹尼。"

就这样，突然之间，一九○○第二次变成了孤儿。

八岁的他已经在美洲和欧洲之间穿梭了五十多次。大海就是他的家，而陆地呢，他连只脚都没有踏上过。虽然在港口见过陆地，但他从未下过船。其实他是害怕别人把他抓走，以身份证件、签证或是诸如此类的借口。所以他就永远留在了船上，定点起航。

准确地说，对这个世界而言，他并不存在：从城市、医院、教区到监狱，他的名字没有留下丝毫的踪迹。他没有祖国，没有故乡，也没有家庭。他八岁了，但从未正式出生过。

"不能再这样下去了，"人们常常对老丹尼这样说，"不论怎么说，这也是犯法的。"而老丹尼总是不屑地回答："去他妈的法律。"这话一出口，大家也就不好说什么了。

船最终到了南安普顿港，老丹尼死了，船长觉得这事该有个头了。他通知了港口当局，叫大副去把一九〇〇带来。唉，他们却再没有找到他。整整两天，整艘船都搜遍了。一无所获。他消失了。谁都接受不了这个事实，因为事实上，在"弗吉尼亚人"号上，大家已经习惯了这个孩子的存在。没有人敢说："不过，从栏杆上很容易坠下去的……大海肆意暴虐……"

在重新起锚驶向里约热内卢之前的二十天里，大家都当他死了，而他也没有回来，没有人知道他的下落。

繁星闪烁。人鱼游弋。烟花飞舞。一切都和从前一样，但这次起航与以往不同的是，一九〇〇永远地离大家而去了。不知是什么吞噬了大家的笑容，令人心如刀绞。

航行的第二个晚上，已经望不见爱尔兰海岸线上的灯光。水手长白利疯了似的闯入船长的卧舱，弄醒船长，叫他无论如何也要去看一下。船长骂骂咧咧了一阵，但还是去了。

头等舱的舞厅。

没有灯光。

人们穿着睡衣，站在门口。从船舱里走出来的人们。

有几个水手，是三个从机械舱里爬出来的黑人。另外，话务员楚曼也在。

所有人都在默默地看着。

是一九〇〇。

他坐在琴凳上，双脚悬在那里，都触不到地。

然而，千真万确，他在弹钢琴。

也不知道他弹的是什么音乐，小精灵般的，但很优美。一点也没错，就是他，手放在琴键上，天知道是怎么回事。还是听听他演奏了些什么吧。

有一位女士，穿着玫瑰色的晨装，头发上有几个发卡——看上去很富有，也许，是某个保险商的美国太太。大滴的泪珠流淌在她抹着晚霜的脸上。她一边看一边落泪，不停地在哭。当船长走到一九〇〇身边的时候，已经惊愕到了极点。他，完全沸腾了。走过她的身边时，我是说那位女士，她仰起鼻子，指着钢琴师问：

——他叫什么？

——一九〇〇。

——不是曲名，是那孩子。

——一九〇〇。

——和曲名一样？

这样的对话，对一个船长来说，四五句就够了。尤其是在他刚发现一个被认为已经死了的孩子不仅活着，还学会了演奏钢琴的时候。

他撇开那位女士，也顾不上理会她的泪水和其他的东西，踱着坚毅的步子穿过大厅——连睡裤和制服都没有换。他在钢琴前停住脚步。

　　那一刻，他有很多话要说，比如"你他妈的是在哪里学的"或者"你躲到什么地方去了"。但是，如同许多惯于在制服里生活的人，他的想法也消散在了制服里。因而，他说的只是："一九〇〇，所有这一切都完全不符合规定。"

　　一九〇〇停止了演奏，这个孩子寡言少语，学习能力却很强。他甜美地望着船长，说："去他妈的什么规定。"

暴风雨的声音响起。

大海已经醒来
大海已经出轨
海浪滔天
破裂
涤荡
涤荡着风云与银河
饕餮暴敛
跌荡到何时
还不知道
一天
结束
如此，妈妈
妈妈从未提起
呢呢喃喃
大海摇动着你的摇篮
用她的触角摇动

饕餮暴敛

天地四周

泡沫摩挲

大海疯狂

穷目远望

一片黑色

黑色的墙

盘旋着

一片沉默

期待着

她的休止

或葬身鱼腹

妈妈，这一切，我不要

我要的是休憩的海水

倒映着你

停下来吧

这一切

墙

荒诞的

海水

在下面崩溃

还有这声音

我和你一样谙熟海水

谙熟大海

宁静

光明

和飞鱼一起

在上方

飞翔

首次航行，首次暴风雨。糟糕，我还没有弄清周围是什么，就撞上了"弗吉尼亚人"号有史以来最致命、最猛烈的一场风暴。

夜半时分，什么鬼东西都在转，连桌子也在转。海洋，好像永无尽头，一个船上的小号手在暴风雨面前似乎无能为力。为了不添乱，不吹小号是完全正确的，乖乖地待在铺位上就可以了。但在那里面我受不了。你竭力不去想，但我发誓，你的头脑中迟早会闪出这么一句话：我们的下场会和耗子一样。我可不想和耗子一个下场。

就这样，我走出船舱，开始游荡。我也不知道该去哪里，在船上待了四天，能找到回船舱的路就不错了。那儿还真像一座漂浮的小城市啊。真像。总之，很显然，在风雨肆虐中慌不择路的我，最后只会迷路。已经是这样了。真背。

就在这时，出现了一个人，穿着优雅的深色衣服，平静地走着，毫无迷茫失措的神态，似乎根本没有感觉到风浪，仿佛是在尼斯的环海公路上信步游走。他，就是一九〇〇。

当时他二十七岁，但看起来更大一些。我刚认识他，那四天我们在乐队里一起演奏，别的就没有什么了。我连他住哪个舱都不知道。当然别人曾向我说起他。他们说了一件很怪的事情，他们说：一九〇〇从来没有从这里下去过，他出生在船上，从那时起就一直守在这里。一直都是如此。二十七年来，连一只脚都没沾过地。说到这里，空气中似乎弥漫着一种气息，了不起的人物才有的一种气息。

据说，他弹的是一种从未有过的音乐。而据我所知，每次开始演奏之前，弗里茨·赫尔曼，那个不懂音乐，却凭着一张小白脸当上指挥的白人，都会走到他身边低声说："一九〇〇，拜托，普通的音符就好，好吗？"

一九〇〇点头同意，然后弹奏那些普通的音符，两眼直视前方，连手都不看，似乎完全置身于别的什么地方。现在，我才知道，他虽人在这里，而事实上，心早已去了别处。当时我并不知道，只是觉得他有些奇怪。仅此而已。

那一晚，就在风暴正酣的时候，他遇到了我，还摆出一副度假绅士的风范。而我呢，则迷失在某一条走廊里，面如死灰。他看了我一眼，笑了，对我说："过来吧。"

如果一个小号手在暴风雨中遇到一个人对他说"过来吧"，那么这个小号手只会做一件事情，那就是"去"。我跟在他后面。他在悠然信步。我则不太一样，我可没有他那么端庄。就这样，我们到了舞厅，东倒西歪——当然是我，而他的脚下却仿佛是站台，一直走到钢琴的边上。周围没有人，几乎一片漆黑，只有几丝微光，一会儿在这儿，一会在那儿。一九〇〇指了指钢琴的支脚，说："松开脚钩。"

　　这时的船像是跳着开心的舞一般，连站住脚都很费劲，松开轮子上的挂钩简直是愚蠢至极。

　　——相信我的话，松开它。

　　他真是疯了，我想。然后，我松开了挂钩。

　　——现在到这边来。

　　他接着说。

　　不知道他要做什么，真不知道。我停在那里，扶住了开始滑动的钢琴，滑得就像一块巨大的肥皂。这情形可真是，我发誓，这要命的风暴，再加上这个疯子，还有他坐的琴凳——简直就是一块肥皂！而他的手却放在键盘上，纹丝不动。

　　——你现在不上来就上不来啦。

　　那个疯子笑着说（他跳上一个机械装置，一种既像跷跷板又像秋千的东西）。

　　——好吧，我们把一切弄个稀巴烂，又能怎么样呢？我跳上来了，就这样，我已经跳上了你那个烂琴凳，现在呢？

　　——现在？别怕。

　　他开始弹奏了。

钢琴独奏响起。一阵华尔兹舞曲，温和甜美。小机械装置开始
晃动，并带动演员在台上转动。演员逐渐接近台前，开始叙述，
动作幅度更大，几乎擦到幕布。

现在，没有人逼你相信这一切。而我，说白了，即便有人跟
我这么说，我也不会相信的。

但事实是，那架钢琴开始在木制地板上滑动起来，我们就跟
在后面。一九○○弹奏着，目光从未离开过键盘，仿佛心有所依。
钢琴随着浪潮飘来荡去，自己打着转，忽而向玻璃门笔直滑去，
在千钧一发的时刻忽又悠悠地滑了回来。我是说，大海好像是在
摇动着摇篮中的钢琴，也摇动着摇篮中的我们。我完全不知所措，
而一九○○仍在弹奏，一刻不停。

显然，他不是在弹钢琴，而是在驾驭钢琴。用键盘，用音符，
随心所欲地去驾驭那架钢琴，一切看似荒谬却又千真万确。我们
擦过吊灯和沙发，在桌子之间旋转。

那一刻，我领悟到我们是在做什么了，我们究竟是在做什
么——我们是在和海洋一起舞蹈，我们和海洋，都是疯狂的舞者，
完美而亲密，在一首暧昧的华尔兹舞曲中，在那样的夜晚和那镀
金的法式地板上……噢，是的。

一九○○开始在舞台上大幅度地旋转，在机械装置上，神情愉快。而大海咆哮着，船舞蹈着。钢琴弹奏的音乐犹如一种华尔兹，随着几个强音时而加速，时而骤停，时而旋转，却总是在导演着这场宏大的舞蹈。在无数的杂技表演之后，一个失误，冲入后台而结束。音乐试着停下来，但是太迟了。主角及时地喊出："噢，上帝啊！"从一边的侧幕，什么东西撕裂了。只听见"哗啦"的破碎声，似乎是类似玻璃的东西碎了，酒吧的桌子或是茶几之类的东西。一片狼藉。片刻的静止，一片寂静。主角又钻入他出来的幕布，缓缓地……

一九○○说，他还得继续提高技巧。我说，实际上只要挂上那些钩子就可以了。而船长，在暴风雨之后，（很激动地咆哮）说："你们这两个混蛋恶魔还是在机械室里待着吧！因为我不想亲手宰了你们，当然你们要赔偿，赔到最后一个子儿为止！你们要工作一辈子！这船叫'弗吉尼亚人'号，真是名副其实，你们这两个从来没有航过海的白痴！"

那天晚上，在机械室下面，我和一九○○成了朋友。因为船长那混蛋，我们成了永远的朋友。我们在计算着我们糟践的东西能折合成多少美元，数目越大，我们就笑得越开心。现在回想起来，是那件事使我们如此幸福。或是类似的事情。

也就是在那晚，我问他那个故事是不是真的。那个关于他和"弗吉尼亚人"号的故事，就是他生于斯长于斯的各种传言，再就是他是否真的从来没有下过船。他回答说："是真的。"

——的确是真的吗？

他变得很严肃。

——的确是真的。

我不理解，但在那一瞬间，我内心感到，在那一瞬间，我不由自主地，一阵颤抖——恐惧的颤抖。

恐惧。

有一次，我问一九〇〇，他演奏的时候到底在想什么。他总是目不转睛地望着前方，在凝视着什么。当他的双手在键盘上前后飘忽的时候，他的心不知道究竟在什么地方。他对我说：

——今天，我去了一个美轮美奂的国度，女人们秀发芬芳，四处阳光洋溢，却猛虎遍地。

他在神游。

每次他去的地方都不一样：伦敦的市中心，原野中的列车，积雪齐腰的高山，在世界上最大的教堂里数柱子，和受难的耶稣面对面。神游。真弄不懂他是怎么知道教堂、积雪和猛虎的。我是说，他从来没有下过这艘船，从来没有。不是开玩笑，真的。从来没有下去过。然而，他似乎见过所有那些东西，所有。

一九〇〇是这样一个人，如果你对他说"有一次，我去了巴黎"，他会问你是否看了这个或是那个花园，有没有在某个地方吃过饭，他全都知道，他会告诉你："在那里，我最喜欢的是在纳福桥上等待落日的沉浮。当驳船经过时，可以从上面驻足观望，挥手致意。"

——一九〇〇，你去过巴黎吗？

——没有。

　　——那……

　　——其实，去过。

　　——去过哪里？

　　——巴黎。

　　你可以认为他是疯了，但并不是那么简单。当有人能准确地向你描绘出伯明翰街夏雨初停后的气息时，你无法因为他从未去过伯明翰街，就武断地说他疯了。在别人的眼里，在别人的话语中，他，的确呼吸过那里的空气。用他自己的方式，但很真实。也许，这世界，他从来就没有看过。但这世界却在这艘船上度过了二十七年，而他也正好在这艘船上待了二十七年。他一直窥视着世界。世界偷走了他的灵魂。

　　在这方面他是个天才，毋庸置疑。

　　他懂得倾听，也会解读。不是读书，所有人都会的那种，他能读懂人。那种写在人们身上的印记：身份、声音、气息、他们的故土、他们的故事……都写在他们的身上。他小心翼翼地解读，并把他们归类、整理、编排……每天，都会有一小片被添加到他脑中正在描绘的巨幅地图中。一幅世界地图，整个世界的地图，从一端到另一端。庞大的城市、酒吧的角落、长长的河流，还有沼泽、飞机、狮子，一幅精美绝伦的地图。

　　当他的手指在键盘上滑动的时候，当他在亲抚着蓝调音乐的弧线的时候，是上帝带着他在那幅地图上神游。

响起忧伤的蓝调音乐。

　　憋了几年的时间，最后，有一天，我费了九牛二虎之力鼓起勇气，问他：一九○○，为什么你不下去一次，哪怕只有一次，用你自己的眼睛去看看世界，亲眼看一下她。为什么要死守在这座漂泊的监狱呢？你可以置身于纳福桥上，眺望着驳船或是其他的一切，可以想做什么就做什么，演奏你的神来之曲，人们会为你疯狂，你可以赚很多的钱，可以选择一处最漂亮的房子，甚至可以把它做成船的形状，怎么样？你可以把它安在任何你希望它在的地方，在猛虎中间，或者是在伯明翰街的中央……天啊，你不能再像庸人一样继续这种来来往往的生活了。你不是个庸人，你很伟大，世界就在那里，只要你下了那该死的舷梯，什么东西……只是几级烂台阶而已。天啊，走完那些台阶就什么都有了，什么都有了。为什么不做个了断，从这里下去呢？就一次，至少一次吧……

　　——一九○○……为什么不下去呢？
　　——为什么？
　　——为什么？

那是个夏天，一九三一年的夏天，杰立·罗尔·莫顿登上了"弗吉尼亚人"号。一身白，连帽子也是白的。手上也有一颗那样白的钻石。

他是这样一种人，在他音乐会的海报上写着：今晚献艺的是，杰立·罗尔·莫顿，爵士乐鼻祖。他这么写就是为了表明他很有自信，是他发明了爵士乐。

他爱坐在琴凳四分之三的地方，双手如蝶，轻盈至极。他从妓院起家，在新奥尔良。他在那里学会了抚摩键盘，爱抚音符：人们在琴音之下发泄肉欲，他们不喜欢吵闹。他们需要的是一种飘逸在帘子里和床榻下的音乐，他们不喜欢被打搅。他的音乐正是如此。在那一方面，他的确是巨擘。

一天，有人在某处和他说起了一九〇〇。

他们大概是这样告诉他的：那才是最伟大的，世界上最伟大的钢琴家。说来有点荒谬，但这件事也许就这样发生了。一九〇〇，虽然以他的方式成名了，是一个小小的传奇，但是，在"弗吉尼亚人"号之外，他从未演奏过一个音符。那些从船上下来的人们纷纷描述这种奇特的音乐和一个仿佛有四只手的钢琴师，可以弹奏出诸多的音符。

　　有时，还流传着很多奇怪的故事，也有真的，比如美国议员威尔逊自愿待在三等舱里，因为一九○○在那里演奏。

　　那些音符在他弹奏之前都是些普通的音符，但被他弹奏出来就不同寻常了。在三等舱，有一架钢琴，他下午或者深夜过去。先是倾听，他想听人们唱那些他们熟悉的音乐，时常有人会拿出一把吉他或是一个口琴之类的开始吹奏，天知道那些音乐是从哪里来的。一九○○在倾听。然后他开始抚弄琴键，当他们或唱或吹的时候，那些对琴键的抚弄变成了一种真正的弹奏，音符从钢琴中流了出来：黑色的音符，直泻而出。完全是另一个世界的音乐。一切尽在其中：一时间，世间的所有音乐倾泻而出。实在令人瞠目结舌。

　　威尔逊议员在听了那音乐之后，瞠目结舌。要知道在三等舱里，他，衣冠楚楚地立在那种恶臭之中，名副其实的恶臭。放下恶臭不说，他到下面来就需要很大的勇气。如果不是为了一九○○，他应该在楼上度过他糟糕的余生。真的。报纸上是这样写的，千真万确。事情就是这样。

　　总之，有人去了杰立·罗尔·莫顿那里，对他说："那艘船上有一个可以在钢琴上随心所欲的人。在他愿意的时候，他可以弹弹爵士乐，在他不愿意的时候，他可以弹出一种好像十支爵士乐混在一起的东西。"所有人都知道杰立·罗尔·莫顿有个小脾气，他说："连走下那艘鸟船的勇气都没有，怎么能弹好琴？"然后，这位爵士乐鼻祖一阵大笑，疯了一般。

　　原本事情在那里就可以打住了，但是某人在那时候说："你笑得好，只要他决定下来，你就只能滚回妓院去演奏了，上帝作证，滚回妓院去吧。"

　　杰立·罗尔·莫顿不笑了，他从口袋里掏出一把镶着珍珠母贝的小手枪，对准那个说话人的脑袋，但没有开枪，问："那艘鸟船在哪里？"

　　他在脑子里构想着一场决斗。这在当时很流行。凭借一点勇气相互挑战，最后只有一个赢家。音乐家式的决斗。没有血，只是颇有那么一点仇恨，真正的仇恨。酒精下的音乐。在他的脑子里萦绕了一夜的想法是：结束这个海上钢琴师的故事和关于他的所有谎言。彻底结束。

　　问题是，一九〇〇实际上从不在港口演奏，他不愿意演奏。就算港口不是陆地，他也不愿意。他只在愿意演奏的地方演奏。那地方是大海的中央，当陆地只是一片遥远的灯光、一种回忆、一种希望的时候。他生来如此。杰立·罗尔·莫顿咆哮了上千遍之后，从自己的口袋里掏出钱买了去欧洲的往返票，上了"弗吉尼亚人"号。

　　在这之前，他只搭过去密西西比的轮船。"这是我一生中做过的最愚蠢的事情。"在波士顿港的十四号码头上，面对来为他送行的记者，他这样说，夹杂着几声怒吼。然后他就把自己锁在船舱里，等待着陆地变成遥远的灯光，变成记忆，变成希望。

他，一九○○，却对这件事不怎么感兴趣。他甚至不太能理解。决斗？为什么？但是他很好奇。他想听听爵士乐鼻祖能弹出些什么玩意儿来。一定不是开玩笑的，他相信，那人一定是爵士乐的发明者。我想他一定是想学点东西。一些新的东西。他天性如此，有点像老丹尼，毫无比赛的观念，根本不在乎谁是赢家。是别的东西让他感兴趣。完全是因为那些别的东西。

航行第二天的九点三十七分，"弗吉尼亚人"号行驶到前往欧洲航线上的第二十个航标，杰立·罗尔·莫顿出现在了头等舱的舞厅里，优雅极了，一身黑。所有人都知道他要做什么。跳舞的人停了下来，我们乐队的人都把乐器放在一边，酒吧侍者斟上一杯威士忌，人们鸦雀无声。

杰立·罗尔·莫顿取过威士忌，走近钢琴，凝视着一九○○的眼睛。他什么也没有说，但人们听见空气中弥漫着一个声音：

——站起来！

一九○○站了起来。

——您就是那位爵士乐的发明者，是吗？

——正是。你就是那位只有屁股坐在海上才能演奏的家伙？

——正是。

他们算是相互认识了。杰立·罗尔·莫顿点燃了一支烟，斜放在钢琴边上，坐了下来，开始演奏。蓝调爵士乐，但似乎是一种以前从没听过的音乐。他不是在弹，而是在滑。就好像一条丝制内衣从女人的身体上滑下来一样，那种音乐能让丝绸跳舞。在那种音乐里，有全美洲的妓院，那些豪华的、连女侍者都很漂亮的妓院。

杰立·罗尔·莫顿在结束的时候点缀了一些不起眼的小音符，很高很高，在键盘的尽头，仿佛珍珠洒落在大理石地板上。那支烟一直在那里，在钢琴边上，燃了一半，但烟灰仍然挂在烟头上。你也可以认为，他不想让烟灰落下，以免发出声音。杰立·罗尔·莫顿用手夹起烟，正如我所说，他的手如同蝴蝶，在夹起烟的时候，烟灰仍然留在烟头上，或许是不想让烟灰飘落，或许是故意卖弄技巧，总之，烟灰没有落下。

爵士乐鼻祖站起身，走近一九〇〇，把香烟放在他的鼻子下，烟灰和烟蒂是那么整齐漂亮，他说道：

——轮到你了，水手。

一九〇〇微微笑了笑。他在玩呢。一点也不错。他坐在钢琴边上，开始做一件蠢得不能再蠢的事情。他弹的是《老爸快回来》，一首蠢得掉渣的曲子，孩子们唱的，几年前从移民那里听来的。从那时起他便不可自拔，他是真的喜欢。也不知道有什么东西能令他那么喜欢，令他那么疯狂地感动。那样的东西当然不敢令人恭维。我都恨不得要上去替他弹了。他在弹奏的时候加上了一点低音技巧，加重了些什么，又加入了两三个他自己的修饰音。总之，就是很蠢，滥调一支。

杰立·罗尔·莫顿的表情就像是有人偷了他的圣诞礼物。他用狼一般的双眼扫了一眼一九〇〇，然后又坐在了钢琴的前面。接着就涌出了一阵能让德国机械师都落泪的蓝调音乐，仿佛全世界黑人的辛酸经历都在那里，而他用那些音符娓娓道来。扣人心弦。所有人都站了起来：仰起鼻子鼓掌。杰立·罗尔·莫顿甚至没有鞠躬致意，什么也没有做。看得出来，他对这该死的一切已经受够了。

又轮到一九〇〇了。开始就很糟糕。在他坐下的时候，他眼中滚动着两颗硕大的泪珠，看得出来，因为那支蓝调，他被感动了，这一点还可以理解。荒唐的是，如果脑子里只想着刚才的音乐，手上还能弹出什么音乐呢？都是刚才那支蓝调害的。"真好听。"第二天他还这样辩白。你们想想看吧。他对决斗连最基本的概念都没有。根本没有。他也弹了那支蓝调。不仅如此，他在脑中安排了一系列和弦，慢悠悠地，一个接着一个，排列在一起，单调得让人备受折磨。他把自己裹在键盘里演奏，自我欣赏着一个一个和弦，听起来不仅奇怪，而且毫无韵律可言，但他乐此不疲。其他人呢，却不怎么欣赏。在结束的时候，甚至有人吹起了口哨。

这时，杰立·罗尔·莫顿完全丧失了耐心。他走到钢琴前，逼了上去。两人之间，虽然是寥寥几句的窃窃私语，却掷地有声，好让所有人都听得见。

——去你妈的，蠢蛋。

然后，他骤然开始了演奏。不是演奏，是魔术，是杂技。他让八十八个琴键都发挥到了极致。以一种骇人的速度。一个错误的音符都没有。脸上的肌肉连动都没有动一下。那甚至不是音乐，是魔幻，是巫术，美丽而优雅。一个奇迹，毫不夸张。一个奇迹。人们欣喜若狂。尖叫和掌声，前所未见。热烈得就像是过新年。在这片混乱中，我站到了一九〇〇的面前：他的表情是全世界最失望的，而且还有点蠢。他望了我一眼，说：

——那人完全是个傻子。

我没有回答他。没什么好说的。他转过来对我说：

——给我拿支烟来。

我惶惑地拿了一支烟递给他。——我是说，一九〇〇，他不吸烟。他以前从不吸烟。他接过烟，转过身，坐到了钢琴前。过了很久，大厅里的人们才意识到他坐在了那里，也许是要演奏吧。人群中爆发出一串刺耳的起哄，一阵大笑，一阵口哨。人们就是这样，对输家总是很刻薄。一九〇〇耐心地等待着，直到周围出现了一种寂静。他望了杰立·罗尔·莫顿一眼，他正站在吧台边上，品着高脚杯里的香槟呢。一九〇〇幽幽地说：

——是你要这样的，混蛋。

然后把那支烟搁在钢琴的边缘上，捻灭。

他开始了。

一阵有活力的狂想曲响起，仿佛是用四只手弹出来的。持续不到半分钟。以一阵激烈的和弦齐奏结束。

就是这样。

人们屏住呼吸，贪婪地吞噬着音符，目瞪口呆，好像一群超级低能儿。所有人都保持肃静，在最后的一阵仿佛有一百只手演奏的超级和弦之后，钢琴似乎在任何时刻都有可能爆裂，但依旧悄无声息。在令人发疯的寂静中，一九〇〇站起身，拾起那烟蒂，向前探出身子，越过键盘，把它贴在琴弦上。

嘶嘶的低鸣。

烟蒂被抽出来的时候，已经着了。

千真万确。

很美地燃烧着。

一九〇〇将烟握在手中，仿佛一根蜡烛。他不吸烟，也就不知道怎样用手指去夹烟头。他走了几步，来到杰立·罗尔·莫顿的面前。把香烟递给他，说：

——你抽吧，我不会。

这时人们才从魔法中醒来，迸发出一阵尖叫和掌声，乱了套。我不知道，从来没有看过这样的场面。在叫嚷声中，人人都想摸摸一九〇〇，头等舱的舞厅像个大窑子，乱作一团。

　　而我看见了他，杰立·罗尔·莫顿，在那群人中间，神经质地抽着那支倒霉的烟，想要找个合适的表情，却没有找到。蝴蝶之手也突然开始颤抖，颤抖，我看得很清楚，而且永生难忘。他抖得如此厉害，以至于在某一时刻，烟灰突然断了，落了下去，先是落在他漂亮的黑色外套上，然后滑向他右脚的皮鞋，黑漆皮鞋，锃亮锃亮的，而烟灰就像是一团白灰。他看了看，我清楚地记得，他看了看鞋，看了看黑色的漆和白色的灰。他体会到了，那些应该体会到的，他都体会到了。他转过身，慢慢地走着，一步挨着一步，缓缓地，连烟灰都没有落下。穿过宽敞的大厅，他消失了，连同那双黑漆皮鞋和落在一只鞋上的一团白沫——那上面镌刻着赢家，但不是他——

　　他都带走了。

　　杰立·罗尔·莫顿把自己反锁在船舱里，度过了余下的旅程。抵达南安普顿后，他下了船，第二天动身回了美国。但是，是乘另一艘船。他再也不想知道一九〇〇和他的事情。他只是想回去，仅此而已。

　　从三等舱的舰桥上，靠在栏杆上，一九〇〇目送他下船，见他穿着纯白的外套，带着所有的行李，很漂亮，真牛皮的。我只记得他说："去他妈的爵士乐。"

利物浦，纽约，利物浦，里约热内卢，波士顿，里斯本，圣地亚哥，里约热内卢，安提尔，纽约，利物浦，波士顿，利物浦，安布哥，纽约，热那亚，佛罗里达，里约热内卢，利物浦，里约热内卢，利物浦，纽约，库克，波士顿，利物浦，里约热内卢，纽约，利物浦，圣地亚哥，纽约，利物浦。海洋，完全在这当中。突然，那一刻，画掉落了下来。

画掉落下来这件事，对我的触动很大。很多年以来，它挂在上面都好好的，什么事也没有，我是说什么事也没有，突然"砰"的一声，掉下来了。钉子在那里钉得好好的，没有人动过，但某一刻，"砰"的一声，它们像石头一样掉下来。在绝对的寂静中，四周寂寥，连只苍蝇也没有，但"砰"的一声，画掉下来了。

为什么偏偏是那一刻？没有人知道。"砰"的一声。是什么让一颗钉子觉得它不能再那样下去了呢？它也有灵魂，可怜的家伙。作出决定了？它已经和画儿商量了很久，它们对于要做什么还不太确定，多年来，它们整晚都在讨论。然后定下了某日，某时，某分，某秒，就是它了，"砰"的一声。从一开始它们就知道，都是合计好了的。

看吧，我决定七年后停下来，对我很合适，说定了。七年后的五月十三日，大约六点，就六点差一刻吧，说定了。别了，永别了。七年之后，五月十三日，六点差一刻，"砰"的一声。谁都不理解。那样的事情最好别想，不然你会发疯的——在一幅画要掉下来的时候。有一天当你醒来，你已经不再喜欢它了。当你打开报纸，战争爆发了；当你看见一列火车，你想，我该离开这里了。当你看镜子的时候，你会意识到，你老了。

在大海中的时候，一九〇〇从键盘上移开目光，对我说："三天后，在纽约港，我要下船。"

我愣住了。

"砰"的一声。

对一幅画你可什么也问不了。而对一九〇〇，你还可以问。我让他安静了一会儿后，开始发问。我想知道为什么，至少应该有个理由。一个在船上待了三十二年的人，突然有一天要下去，还好像没事似的，连为什么都没有告诉他最好的朋友，什么也没有说。

——我得下去看一样东西。

他对我说。

——什么东西？

他不想说也情有可缘，因为他最后憋出来的是——

——大海。

——大海？

——大海。

想想吧，你什么都能想得到，唯独想不到这个。简直令人无法相信，真是用屁股想出来的狗屁理由。难以置信。简直是世纪笑话。

——你看大海已经三十二年了，一九○○。

——是从船上看了三十二年，我想从陆地上看看她。不一样吧。

老天！我像是在和一个孩子说话。

——好吧，等到了港口，你探出身子，好好地看看大海好了。一样的东西。

——并不一样。

——谁告诉你的？

告诉他的人叫巴斯特，林·巴斯特。一个农民。一个像骡子一样活了四十年的人，他们那种人所能看到的一切就是田地，再不就是在赶集的时候去过一两次大城市，几英里之外的大城市。

不过后来，干旱毁了他的一切：老婆和一个不知底细的牧师跑了，两个孩子都发高烧死了。总之，一个背运的倒霉蛋。就这样，有一天他收拾东西，徒步横穿英国，就为了去伦敦。但由于根本不认识路，他没有到伦敦，反而到了一个不起眼的小镇。从那里沿路一直走，拐过两个弯，绕到一座小山的后面。最后，猛然间，他看见了大海。他以前从没有看过大海。那种感觉像是触电。

一九○○把他奉若神明，愿意相信他所说的一切。他说："那就像一种强烈的召唤，一遍又一遍地呼喊着：'戴绿帽子的家伙，生命是一种博大的东西，明白吗？博大。'"那家伙，林·巴斯特从没有想过这件事。他从来没有遇到过这样去思考的机会。这番话仿佛是他头脑里的一场革命。

可能对一九〇〇来说，他……也从来没有真的想过生命的博大。也许他怀疑过，但没有人那样呼唤过他。所以，他让巴斯特向他重复了上千遍这个关于海的故事之后，决定自己也去试试。

向我解释的时候，他的神情就像有人在给你解释内燃机是如何运转的，非常科学。

——我也可以在船上过很多年，但大海什么也不会对我说。现在我下去，在陆地上生活，变成陆地的一部分，变成一个正常人，然后有一天我出发，到任何一个海岸，抬起头，凝望着大海：那时候，我就可以听见大海的呼喊了。

这个解释很科学，但我觉得它是垃圾。我可以这么对他说，但我没有。事情不是那么简单。实际上，我很在乎他。一九〇〇，我希望他有一天能走下船，为陆地上的人们演奏，和一个善良的女人结婚生子，拥有生活里的一切。也许并不博大，但很美丽，只要你有运气，用心。

总之，海上的生活让我觉得很凄凉，如果能把一九〇〇从船上带下去，我没有意见。最后我反而觉得还是这样比较好。我说他的逻辑一点也没错，而且我很高兴，真的。我还要把我的驼绒大衣送给他，这样，当他从舷梯上下去的时候，就可以风风光光的了。他也有些感动：

——到了陆地上，你会来看我的，对吗？

天啊，我的喉咙里仿佛卡了一块石头，他这样子，我会死的。我讨厌诀别，我尽量想笑得好看一些，真痛苦。我说，我一定会去找他，然后我们可以在田野里遛狗，他太太会为我们做好火鸡，还有不知道他妈的别的什么东西。他笑了，我也笑了，但我们俩的心里都很清楚，那并不是事实：事实是，一切就要结束了，无法挽回了，该发生的正在发生。丹尼·布德曼·T. D. 柠檬·一九〇〇将在二月的一天，在纽约港走下"弗吉尼亚人"号邮轮。在三十二年的海上生活后，他将下船，登陆，为了看海。

一种类似古老舞曲的音乐响起。演员消失在黑暗里。一九〇〇
出现在邮轮舷梯的顶上。驼绒大衣，戴着帽子，大行李箱。迎
风而立，目视前方。注视着纽约。走下第一级台阶，第二级，
第三级。音乐骤停，一九〇〇定格。演员脱帽，面向观众。

在第三级台阶他停住了。很突然。

——怎么了？踩到屎了？

耐尔·欧克诺说。这个爱尔兰人连个屁都不懂，但他总是心
情不错。

——一定是忘了什么东西。

我说。

——什么东西？

——也许他忘了，自己是在向下走。

——少扯蛋。

他停在那里，一只脚在第二级台阶上，另一只脚在第三级台
阶上。他就这样久久地停在那里。目视着前方，仿佛在寻找什么
东西。但最后，他做了一件奇怪的事情。他脱下帽子，把手伸出
舷梯，任帽子飘落下来：仿佛一只疲惫的小鸟，一个长着翅膀的
蓝色煎蛋，在空气中打了几个旋，落入了海中，漂浮着。俨然是
一只鸟，不是煎蛋。

当我们的目光又重新回到舷梯上的时候，我们看见一九〇〇，

穿着他的驼绒大衣，不，是我的驼绒大衣，正重新登上那两级台阶，背对着世界，脸上带着一丝诡异的笑容。两步的工夫，他就消失在了船上。

耐尔·欧克诺说：

——看到没有，新的钢琴师来了。

——听说他是最伟大的。

我说。我也不知道是悲哀还是兴奋得发狂。

他不肯告诉我在第三级台阶上他看见了什么。那天以后的两次航行中，他都有点奇怪，话比平时少了，好像有什么心事。我们没有问。他也装出没事的样子。看得出来，他并不是十分正常，但去问他又似乎不合适。就这样过了几个月。

后来有一天，他来到我的船舱，缓慢地，但没有停顿，很有条理地对我说："谢谢你的大衣，合身极了。真遗憾，本来可以风光风光的。但现在好多了，都过去了，别以为我不幸福，我不会再那样了。"

而我，则连他是否有过不幸福的感觉都不太确定。他不是那种需要你询问他是否幸福的人。他是一九○○，这就够了。你不会去想，他和幸福或痛苦有什么关系。他似乎超越了所有这一切，不可触及。有他和他的音乐在，其他的一切都不重要了。

"别以为我不幸福，我不会再那样了。"这句话让我很难过。他的表情表明，他在说这话的时候没有在开玩笑。他是个深知何去何从的人。他会到达那里的，就像坐在钢琴边上全身心地演奏一样。对他的双手而言，毫无疑问，那些琴键早就在等待着那些音符，那些音符生于斯，也逝于斯。那些音符似乎是随性而出的，但永远铭刻在某处，铭刻在他的脑海中。

现在我终于领悟到，那天一九〇〇的决定，是要坐在他生命的黑白键盘之前，弹奏一曲美丽而复杂、荒诞而富有天才的音乐，世界上最棒的音乐。他要在那音乐中跳完他余生的舞蹈。他再也不会不幸福了。

　　一九三三年八月二十一日，我从"弗吉尼亚人"号上离开了。我是六年前登船的。我觉得好像度过了一生。不是从那里下来一天或是一个星期：我是永久性地下来了。带着登陆的证件、拖欠的工资以及所有的一切。一切正常。我和海洋，从此再无瓜葛。

　　我并不是不喜欢那样的生活。那是一种奇怪的生活方式，但是还不错。只是，我无法想象永远这样下去。

　　如果你是海员，就不一样了，大海是你的领地，你可以终老在海上，这样很好。但一个吹小号的……一个吹小号的，对大海来说，你是个陌生人，你永远都是个陌生人。你迟早得回家，早点回家，我这样对自己说。

　　"还是早点回家好。"我对一九○○说。他很理解。看得出，他根本不愿意目送我下舷梯，总是这样，但要他说出来，他是永远都不会说的。最好这样。

　　最后一晚，和平常一样，我们在船上为头等舱里的低能儿们演奏。轮到我的独奏了，吹了几个音符之后，我便感觉到低沉而甜美的琴音在和我一起演奏。我们一起继续下去，我尽了全力要吹好我的小号，上帝啊，我不是路易斯·阿姆斯特朗[1]，但我吹得真好，他在任何地方都跟随着我，他知道该怎么做。我们随心所欲地让我的小号和他的钢琴合奏了好一会儿，那是最后一次，其中包含了很多言语想表达但又无法表达的东西。

周围的人们都在继续跳舞，什么也没有意识到，他们也没有办法意识到，他们能意识到什么呢？继续跳舞，好像什么也没有发生。但有人也许会对另一个说："看那个吹小号的家伙，多奇怪啊，他一定是醉了，或者疯了，看那个吹小号的，一边吹一边流泪。"

下船后发生的事情则是另外一个故事了。如果不是该死的战争从中间插了一杠子，也许我还可以做一番大事。战争让一切都变得复杂了，真让人弄不懂。得要有一个聪明的大脑，这样才能弄明白。得有一些我没有的天分才行。令人意外的是，当你置身于战争中的时候，吹小号仿佛一点用也没有。战争撞上来了，根本不放过你。

总之，我好几年没有"弗吉尼亚人"号和一九〇〇的任何消息。但我从未忘记过他们，我总是不停地提醒自己，还常常自问："天知道，如果一九〇〇在这里会做什么，说什么，他会说：'去他妈的战争。'"但这话我说起来就特别不纯正，感觉差极了。有时候我闭上眼睛，就会回到船上，回到三等舱里去听移民们唱歌剧，一九〇〇弹奏着无以言表的音乐，他的双手，他的面容，还有环抱他的大海……我幻想着，回忆着，有时那是唯一能做的事

1　路易斯·阿姆斯特朗（Louis Armstrong, 1900 - 1971），美国爵士乐史上伟大的歌唱家之一，也是世界上最伟大的小号演奏家之一。

情，能拯救我的事情，别无他法。穷人的伎俩，但总是很有效。

总之，这个故事结束了。好像真的结束了。

有一天，我收到一封信，耐尔·欧克诺写的，就是那个总开玩笑的爱尔兰人。但那一次，是一封认真的信。信中说，"弗吉尼亚人"号在战争中被征做流动医院使用，变得千疮百孔，最后破烂到人们决定要将它报废的地步。剩下为数不多的船员都在普利茅斯登了岸，船上已经装满炸药，迟早会被拖到深海里报废。"砰"的一声……就结束了。信后还写着："你有一百美元吗？我保证还给你。"下面是另一行小注："一九○○，他还没有下船。"仅此而已。"一九○○，他还没有下船。"

我把信捏在手里摆弄了好几天。然后我登上了去普利茅斯的火车，去了港口，去找"弗吉尼亚人"号，我找到了。塞了些钱给那里的看守之后，我上了船。从船顶一直转到底舱，下到机械舱。在充满火药味的空气中，我坐在一只箱子上。脱下帽子，放在地上，静静地坐在那里，无语凝咽。

我停在那里是为了看清他，我停在那里也是为了看清我自己。

炸药就在脚下，炸药无处不在。丹尼·布德曼·T. D. 柠檬·一九○○。

你想说，你知道即将到达，如同深谙如何弹奏音符一般。

沧桑的面容，美丽却不疲倦。

在船上，没有灯光，只有穿透进来的点点光线，谁知道黑夜又是怎样的。

苍白的手，精心缝制的外套，锃亮的皮鞋。

他，还没有下船。

恍惚的明暗间，他像是一位王子。

还没有下船，他，要随其他的一切飞上天空，坠入大海深处。

壮丽的结局，所有人都在坝岸上观望，盛大的焰火，永别了，落幕了。烟与火，最终，只是一片骇浪。

丹尼·布德曼·T. D. 柠檬。

一九〇〇。

在被黑暗吞噬的船上，他的声音是最后的记忆，孤单悠长地回荡着。

演员变成一九〇〇。

整座城市……望不到边际。

结局，请问，你能看到结局吗？

只有喧嚣。

在那该死的舷梯上，一切，都很美。我穿着大衣，多么伟岸，多么风光。毫无疑问，我一定会下船的，毫无疑问。

戴着我的蓝帽子。

第一级台阶，第二级台阶，第三级台阶。

第一级台阶，第二级台阶，第三级台阶。

第一级，第二级。

不是眼前的景象让我停滞不前。

而是那些无法望见的景象。

你能体会吗？朋友，我无法望见的……我找寻过，但不在那儿……在那无尽的城市中，除了无法望见的那些，什么都有。

什么都有。

没有结果。我无法望见的正是一切结束的地方。这个世界的尽头。

现在你想：一架钢琴。琴键是始，琴键是终。八十八个琴键，明明白白。键盘并非没有边际，而你，是无限的，琴键之上，音乐是无限的。这一点，让我欣喜，也让我的生命得以延续。

然而，当我登上舷梯，眼前就展开了一个有上千万琴键的键盘。

上千万个琴键，没有边际，千真万确，没有边际却从不湮灭。

在那没有边际的键盘上。

在那键盘上，没有你能弹奏的音乐，你坐错了位置，那是上帝弹奏的钢琴。

上帝啊，你望见前方的道路了吗？

都是道路，上千万条，而这个世界上的你们该如何选择其中的一条？

选择一个你的女人。

一座你的房子，一片你的土地，一帧你的风景，一种你死亡的方式。

所有那个世界。

压在你身上的世界，连你也不知道会在何处终止。

究竟有多大？

那种博大，一想到它，你们就不会害怕，直到生命终结吗？只要想到它，就得去经历它。

我出生在这艘船上，在这里，世界流动，每次两千人。这里也有欲望，但欲望无法超越从船头到船尾的空间。你弹奏自己的幸福，在那并非没有边际的键盘上。

我明白了。对我来说，大地是一艘太大的船。是一段太漫长的旅途。是一个太漂亮的女人。是一种太强烈的香水。是一种我无法弹奏的音乐。请原谅我。我不会下船。就让我回去吧。

拜托了。

现在，朋友，请你试着去体会，试着去体会，如果你可以。

眼中的整个世界。

美丽，可怕。

过于美丽了。

恐惧带着我后退。

重新回到船上，永远地。

小船。

那眼里的世界，那所有的夜晚。

幽灵一般。

如果放任它们，你将消亡。

下船的愿望。

和实现它的恐惧。

令你疯狂，如此疯狂。

有些事一定要做，而我已经做了。

先是憧憬。

然后，我做了。

许多年中的每一天。

十二年。

数以万计的时刻。

一个看不见的动作，却无比悠长。

我，无法走下这艘船，为了拯救自己，我要离开我的生命。一级台阶一级台阶地离开。每一级台阶都是一个愿望。每走一步，我都会对一个愿望说，永别了。

我的朋友，我不是疯子。一旦找到自我救赎的方法，我们就不会发疯了。我们像是饥饿的动物那样狡黠。这和疯狂没有关系。这是种天赋。与生俱来。一种极致。欲望正在撕裂我的灵魂。我本来可以体验它们，但我没能去体验。

所以，我对它们施了个魔法。

我把它们一个一个地抛在了身后。命中注定。另一种极致。全世界的女人都被我施了魔法，我弹奏了一个晚上，只为一个女人，一个，肌肤透明，手上没有戒指，双腿修长，随着我的音乐摇动头颅，没有笑容，目不斜视，一整晚都是如此的女人。当她站起身，不是她，而是全世界的女人，离开了我的生活。

我看着我的一个孩子死去，几天之中，我始终坐在他的身边，没有错过这个美丽至极的痛苦"节目"。我要做他在这个世上最后看到的事物。他离开的时候，不是他，而是所有我那些从未出生过的孩子，离开了。所以，我做不了父亲，因为我，施了魔法。

我有我的陆地，在世界的某一个角落，在一个北方男人的歌声中，我对歌声施了魔法，听见他的歌声你就可以看见，看见峡谷，看见周围的山峰，看见缓缓流淌的河流、冬天的雪，以及夜晚的狼。他停止歌唱的时候，我的陆地也就永远地消失了，消失于任何地方。

那天，我为了你，和你一起演奏。在你当时的神态里，在你的眼睛里，我看见了他们，所有那些我深爱的朋友，那些我希望得到的朋友，我对他们施了魔法。当你离开的时候，他们也和你一同离开了。

奇迹啊，永别了，我看见暖流融化了北海的冰川；奇迹啊，永别了，我看见因战争而粉身碎骨的人们的微笑；愤怒啊，永别了，这艘船已装满了炸药；音乐，我的音乐啊，永别了，那一天，我能演奏的音乐就包容在那一瞬间的一个音符里；快乐啊，永别了，我对它施以魔法，因为你，走了进来。

我的朋友，这不叫发疯。这叫命中注定。都是修炼而来的。不幸在我面前束手就缚。我的人生被我从欲望中抽取了出来。如果你追溯我的人生脚步，你可以找出一个又一个中了魔法的、定格的、静止的事物，以记录这场诡异旅程的路线。如果不是你，我决不告诉任何人。

一九〇〇向幕布渐渐远去停下，转身。

我已经看到了上天堂的情景。那个在名单中找寻我名字的人，没有找到我的名字。

——你说你叫什么？

——一九〇〇。

——伊辛斯基，伊塔巴脱，伊瓦里斯，伊面……

——我出生在一艘船上。

——什么？

——我出生在一艘船上，最后死在那里，不知道你那上面有没有我的名字。

——海难？

——不，是爆炸，六公担半的炸药，"砰！"……

——噢……现在一切都好吗？

——对，对，好极了……只是手臂的问题……他们给我上了保险的。

——缺了一只手？

——对，您知道的，在爆炸中。

——那边应该还有一对……您缺哪一只？

——左边的。

——噢。

——怎么了？

——您要知道，恐怕只有两只右边的了。

——两只右手？

——是。对您来说，是不是就有问题了？

——怎么说？

——我是说，如果您装上一只右手。

——在左臂的地方装一只右手？噢，不会的，大体上……有个右手总比没有强。

——我也这么想，您等一下，我去给您拿。

——要不我过两天再来，也许您这里会来一只左手。

——噢，我这里有一只白的，一只黑的。

——不，不，统一色调，我不是看不起黑人。唉，只是这个问题涉及……

妈的！天堂里的一切都是永恒的，两只右手也是。（用鼻音）现在让我们来画个漂亮的十字吧。（欲动又止。看着手。）不知道该用哪只手。（犹豫了一下，用两只手一起快速地画了个十字）这下就永恒了，千百万年都是一个傻瓜的样子了。（用双手重新画十字。）一个地狱。天堂里的。一点也不可笑。

转过身，走向幕布，就要离开的时候停住，重新转向观众，眼前一亮。

当然，你还知道什么是音乐，用手，两只……右手，只要有一架钢琴。

又变得严肃。

兄弟，你屁股下面坐的是炸药。站起来走吧。结束了，这次真的结束了。

丝 绸

吴正仪 译

SETA

一

◇◇

　　尽管父亲替他在军队里设计了辉煌的前程，埃尔维·荣库尔最终还是以一种不寻常的职业谋生。这与他并非不相宜，由于独特的浪漫主义的玩世不恭，这种职业一度令他爱到不惜背叛一位有着甜美嗓音的女性。

　　为了生存，埃尔维·荣库尔贩卖蚕种。

　　那是一八六一年。福楼拜[1]正在完成《萨朗波》的写作，电灯照明还只是一种设想，而亚伯拉罕·林肯[2]正在大西洋的彼岸打一场他将看不到结局的战争。

　　埃尔维·荣库尔时年三十二岁。

　　他买进又卖出。

　　造丝的蚕。

1　居斯塔夫·福楼拜（Gustave Flauber, 1821 － 1880），十九世纪中叶法国伟大的批判现实主义小说家。《萨朗波》是他一八六二年的作品
2　亚伯拉罕·林肯（Abraham Lincoln, 1809 － 1865），美国第十六任总统。

二

◈

确切地说，埃尔维·荣库尔买卖的是蚕种，蚕种的形态呈微小的卵状，颜色或黄或灰，静止不动，看起来像是没有生命。仅用一只手掌就可以托起几千颗蚕子。

"常言道，手捧黄金。"

五月初，蚕子破壳，爬出蚕虫。蚕虫狂吃三个月桑叶之后，吐丝作茧自缚，以便两个星期以后最终化蝶而去，留下一笔财富。它是上千米的生丝，是金钱，是为数可观的法国法郎——如果一切都循规蹈矩地进行的话，就像在法国南方某地区埃尔维·荣库尔的情形。

拉维尔迪厄是埃尔维·荣库尔居住的小城的名字。

海伦是他妻子的名字。

他们没有子女。

三

◇

　　为了避免遭受日益频繁地肆虐欧洲养蚕业的病害，埃尔维·荣库尔远渡地中海，去叙利亚和埃及购买蚕种。这是他经商活动中最具冒险性的经历。每年，他于一月初启程。走过一千六百海里的水路和八百公里的旱路。他挑选蚕种，讨价还价，购得货品。然后转身，走过八百公里旱路和一千六百海里水路，回到拉维尔迪厄，通常是在四月的第一个星期日，通常能赶上大礼弥撒。

　　他会再忙碌两个星期，包装和出售蚕子。

　　一年中剩余的时间，他则休息。

四

◈

——非洲怎么样？

人们问他。

——缺乏活力。

他在城边上有一座大房子，在市中心有一间小作坊，正对着让·贝尔贝克遗弃的家园。

让·贝尔贝克有一天决定不再开口说话。他信守诺言。他的妻子和两个女儿弃他而去。他死了。他的房子没有人要，如今就成了这样一座荒废的建筑物。

埃尔维·荣库尔通过买卖蚕种，每年赚到的钱足以保证他和妻子过着在外省称得上是奢侈的舒适生活。他愉快地享用财富，而他的前途，似乎是变成一个真正的富翁。他对此毫不在意。另外，他属于那样一些人，他们喜欢参与自己的生活，认为任何享受生活的企图都是不合适的。

必须强调指出他们审视自己命运的方式，大多数人习惯于关注风雨飘摇的日子。

五

◇

　　倘若有人问到埃尔维·荣库尔，他势必回答，他的生活将会永远如此继续下去。然而，在六十年代初，令欧洲蚕种无法再使用的微粒子病越洋扩散，传染至非洲，有人说，甚至到达印度。一八六一年，埃尔维·荣库尔按惯常的商务旅程归来，他带回的一批蚕子在两个月后几乎全部显示受到感染。对于拉维尔迪厄，就像对于其他许多以蚕丝致富的城市一样，那一年仿佛是毁灭的开始。科学无法解释发生疫情的原因。整个世界，直至偏远地区，犹如被那种无法言说的魔法镇住了。

　　——差不多是全世界。

　　巴尔达比乌悄悄地说道。

　　——差不多。

　　说着往他的烈性酒里兑入两指深的水。

六

◇

　　巴尔达比乌是二十年前走进这座城市就直接冲入市长办公室的人。他不经通报就闯了进去，将一条如晚霞般流光溢彩的丝质头巾搁到市长的写字台上，并且向他发问：

　　——您知道这是什么吗？

　　——妇女用品。

　　——错了。男人用的东西：金钱。

　　市长叫人把他撵出门。他建了一座缫丝厂，就在河边，搭起一座养蚕的大棚。在树林深处，修筑一座供奉圣安妮丝[1]的小教堂，位于通往维维也尔大街的十字路口。他雇用了三十来名工人，从意大利弄来一架木制机器，全部由轮盘和齿轮转动装置组成。他一声不吭地干了七个月。之后，他再去拜访市长，将一叠总额为三十万法郎的大面值钞票整整齐齐地码放在他的写字台上。

　　——您知道这是什么吗？

　　——钞票。

1　圣安妮丝（Saint Agnese），罗马时代的基督教徒，十三岁时承认自己的基督教信仰而被投进监狱，后又被卖入娼门以为惩罚。尽管受辱，当时的嫖客慑于她的正气凛然，不敢染指。有一人企图玷污她，竟立即双目失明了。

——错了。它们是说明您是一个蠢材的证据。

然后他拿起钞票，装进袋子里，起身离去。

市长拦住他。

——我应当做什么鬼事情啊？

——不用做一点儿事情。您将成为一个富裕城市的市长。

五年之后，拉维尔迪厄拥有七家缫丝厂，变成欧洲养蚕业和缫丝业的中心之一。它们不全是巴尔达比乌的产业。本地的其他贵族和地主都学他兴办这项奇妙的冒险企业。巴尔达比乌很痛快地与每一个人分享他的职业秘密，这使他比大把赚钱更为快乐。诲人不倦，示人秘方——他天生就是这么一个人。

七

◈

　　巴尔达比乌还是八年前改变了埃尔维·荣库尔生活的人。那时瘟疫乍起，开始引起欧洲蚕子减产。巴尔达比乌方寸不乱，他研究形势，得出结论：问题无法解决，但可以迂回。他有一个创意，缺少合适的人选。当他看见埃尔维·荣库尔从凡尔登咖啡馆前走过时，就觉得找到了对的人。只见他身穿陆军少尉的制服，迈着休假中的军人的步伐，风度翩翩，趾高气扬。那个时候，他二十四岁。巴尔达比乌将他邀至家中，在他面前摊开一张印满异域地名的地图，对他说道：

　　——恭喜了，你终于找到一份正经工作，小伙子。

　　埃尔维·荣库尔听完了他讲的关于蚕、蚕子、金字塔和航海旅行的全部经历后，说：

　　——我不能。

　　——为什么？

　　——两天后我休假期满，要回巴黎。

　　——当职业军人吗？

　　——是的。我的父亲愿意这样。

——这不成问题。

他拉住埃尔维·荣库尔，将他带到他父亲面前。

——您知道这位是谁吗？

他不经通报直接走进办公室问道。

——我的儿子。

——您再好好看看。

市长把身体往皮椅的靠背贴过去，开始浑身冒汗。

——我的儿子埃尔维，两天后将回巴黎，在那里有一段辉煌的军旅生涯等待着他，假如上帝和圣安妮丝愿意的话。

——不错。只是上帝在别处忙碌，而圣安妮丝厌恶军人。

一个月以后，埃尔维·荣库尔动身去埃及。他乘坐一艘名为"阿德尔"号的船出海。厨房的饭菜味儿钻进客舱，同舱的是一位英国人，自称在滑铁卢打过仗。第三天傍晚，他们看见一些亮晶晶的海豚在地平线上像浪花一样翻滚，这种现象总是在每月十六日重复出现。

他返回是在两个月之后——四月份的第一个星期日，正好赶上大礼弥撒。他带回成千上万颗蚕子，用棉花裹好，装在两只大木盒里。他有一肚子话要说。可是巴尔达比乌在只剩下他们两人的时候，对他说出的那些话却是：

——你给我说说海豚。

——海豚吗？

——说说你在什么时候看见它们。

这就是巴尔达比乌。

谁也不知道他究竟有多大年纪。

八

◈

——差不多是全世界。

巴尔达比乌低声细语。

——差不多。

说着往他的酒中搀兑进两指深的水。

八月的晚上，午夜已过。平日，在这时分，凡尔登早已关门。椅子整齐地倒扣在桌子上。他擦干净柜台及其他一切物品，只剩下熄灯和关门两件事。但是凡尔登等待着。巴尔达比乌在说话。

坐在他对面的是埃尔维·荣库尔，嘴唇间夹着一支熄灭的香烟。他倾听着，纹丝不动。像八年前一样，他再次听凭这个人慢条斯理地描绘自己的命运。他的声音听起来低微而又清晰，不时被啜酒间断。他不停地说了许久。他说的最后一句话是：

——无可选择。既然我们要活下去，就应当去那里。

静默。

凡尔登，倚靠在柜台边，抬眼观望着他们两人。

巴尔达比乌在一心一意地从杯底再搜索出一口酒。埃尔维·荣库尔在开口说话之前，将香烟搁在桌子边上。

——它在哪里，准确地说，这个日本国？

巴尔达比乌举起他的那根拐杖，用它指着圣奥古斯特教堂的屋顶及远处。

——正对着那个方向不停地走下去。

他回答。

——一直走到世界的尽头。

九

◇◇

实际上，日本在那个时代处于世界的另一边。它是一个由众多岛屿组成的岛国，并且完全与世隔绝地生存了两百年，拒绝同大陆的任何联系，禁止任何外国人进入。中国海岸线与它大约相距两百海里，但是天皇的一道禁令使之变得更加遥远：在全岛禁止使用超过一棵树的木材造船。根据一种它特有的开通逻辑，法律并不禁止出境，但是对试图再入境的人将处以死刑。中国、荷兰和英国的商人们反复地尝试打破这种荒谬的孤立状态，但是他们最终只能设下一张危险而易破的走私网。他们从那里获得的是少量的钱财、大量的麻烦和傍晚在各港口轻易买到的一些地图。在他们失败的地方，美国人用坚船利炮取得了成功。一八五三年七月，海军准将马修·西·佩里率领一支现代化的由蒸汽发动机船组成的舰队驶入横滨海湾，向日本人递交一份最后通牒，写明"希望"岛国对外国人开放。

日本人以前从未见过一艘能够逆风渡海的船。

七个月之后，当佩里回来收取最后通牒的答复时，岛国的军政府屈从地签订了一份协议，同意将该国北部的两个港口对外开放，并开始一些最审慎的最初贸易往来。岛国周围的海域——那位海军准将神情略显庄重地宣告——从今天起，水不是很深了。

十

◈

　　巴尔达比乌知道所有的这些故事，尤其熟知其中的一则传闻，因为这则传闻在到过那边的人的闲谈中被反复提及。据说，那个岛国出产世界上最美的丝绸。他们按照已经达到神奇的精确性的规格和秘方，生产了上千年。巴尔达比乌认为这不是一种传闻，而是一个简单纯粹的事实。有一次，他用手指挑起一块用日本丝线织成的纱巾，指间仿佛轻若无物。于是，那时他便觉得让微粒子病和病蚕子的事通通见鬼去吧，他想到的是："那个岛上遍地是蚕。一个两百年来没有一个中国商人或一个英国保险经纪人能够登陆的岛是一个没有任何病疫传染的岛。"

　　他不止于这么想，他还把这个想法告诉拉维尔迪厄全体丝绸生产者，把他们召集到凡尔登咖啡馆。他们当中没有一个人曾经听说过日本国。

　　——我们一定要横穿整个世界去买蚕子，就像是上帝发配我们去一个见到外国人就吊死的地方吗？

　　——他们从前吊死外国人。

　　巴尔达比乌解释。

人们不知如何思量，有人想出一条驳斥的理由。

——既然世上无人想过去那里买蚕子，定是有某种原因。

巴尔达比乌本来可以自我吹嘘一番，提醒人们那是因为世界的其他地方没有另一个巴尔达比乌。但是他宁愿实事求是地说话。

——日本人被迫出售他们的丝绸。但是蚕子，那可不卖。他们紧紧地攥在手里。如果你胆敢将它们带出岛外，你做的事情就构成一种罪行。

拉维尔迪厄的丝绸生产者们，或多或少，都是一些正人君子，他们从来没有想过在自己的国度里触犯任何一条法律。然而，假设到世界的其他地方去干，他们则觉得天经地义，合情合理。

十一

◇

那是一八六一年。福楼拜正在完成《萨朗波》的写作，电灯照明还只是一种设想，而亚伯拉罕·林肯正在大西洋的彼岸领导一场他将看不到结局的战争。拉维尔迪厄的养蚕专业户们组成合作社，集中资金，相当可观，足以支持一次远征。大家觉得将这次远征的任务交给埃尔维·荣库尔是顺理成章的事情。当巴尔达比乌要求他接受时，他的回答是提问。

——这个日本国，准确地说，在哪里呢？

——一直往前走，直至世界的尽头。

他于十月六日启程。孤身一人。

在拉维尔迪厄城门边，他拥抱妻子海伦，言简意赅地对她说：

——你什么也不要怕。

她是一个身材高挑的女人，行动舒缓，有一头长长的黑发，从不盘扎起来。她有一副极其美妙的嗓音。

十二

◈

　　埃尔维·荣库尔出发了，携带着八千金法郎和巴尔达比乌给他取的三个名字：一个中国名字，一个荷兰名字和一个日本名字。他在梅茨附近越过边境，横穿符腾堡和巴维也拉，进入奥地利，乘火车经过维也纳和布达佩斯，然后直达基辅。他骑马在俄罗斯大草原上驰骋两千公里，翻过乌拉尔山，进入西伯利亚，旅行四十天，到达贝加尔湖，当地人称之为——海。他顺黑龙江直下，沿着通向大海的中国边境线往前走。当他到达海滨后，在萨比尔克港口滞留了十一天，最后一条荷兰走私船把他带到日本西海岸的寺屋岬。他步行，走偏僻的小路，走过石川县、富山县、新潟县，进入福岛县境内，抵达白川市。他在该城的东边转悠了两天，等来了一个穿黑衣的男人，那人蒙住他的双眼，带他走进一座小山村，在那里住宿一夜。第二天早晨，他同一位不说话的男人做成蚕种交易，那个男人用一方丝巾蒙面。黑色的。傍晚时分，他将蚕子藏入行李之中，转身背对日本，准备踏上归途。

　　当一个男人跑着追上来并拦住他时，他刚刚走出村口。那人用不容置疑的专横语气对他说话，然后客气而又坚决地陪他往回走。

　　埃尔维·荣库尔不会说日本话，也听不懂他在说些什么。但是他明白原卿要见自己。

十三

◈

　　他们拉开一扇贴着糯米纸的木格门，埃尔维·荣库尔走进去。原卿盘腿坐在地上，在房间最远的角落里。他身穿一件深色的和服，没有佩戴任何饰物。唯一可见的权力标志，是一个躺在他身边的女人，静卧不动，头枕在他的怀里，双眼闭合，两臂藏在宽大的红裙之下。那裙子向四周铺开，在炭灰色的席子上犹如一团火焰。他的一只手在女人的头发里缓缓移动，仿佛在抚摸一只熟睡中的珍稀动物。

　　埃尔维·荣库尔向房间里面走去，得到接纳的示意，在他对面坐下。他们沉默着，用眼睛互相打量。一位男仆走来，悄无声息，在他们面前放下两杯茶，随后悄然离去。这时原卿开始说话，以一种仿佛吟唱的声音讲自己的语言，那声音是用一种矫揉造作的假嗓子挤出来的。埃尔维·荣库尔听着。他用眼睛盯住原卿的眼睛，只是在某一瞬间，几乎令人无法察觉地，他将眼光下移，停在那女人的脸上。

　　那是一位妙龄少女的面庞。

　　他抬起目光。

原卿中止说话，端起一只茶杯，送至唇边，稍息片刻后说道：
——请告诉我您是什么人。
他讲法语，将元音略为拖长，用的是沙哑的真嗓子。

十四

◇◇

　　面对这个最难对付的日本人，面对全世界想从那个岛国带走的一切财富的主人，埃尔维·荣库尔试图讲清楚自己是什么人。他讲自己的语言，说得很慢。他无法确切地知道原卿是否能听懂。他主动抛开一切顾忌，如实陈述，既无编造也无遗漏，朴实无华。他用同样的语气和轻微的示意动作，描述细枝末节和关键性事件，仿佛在清点从一场火灾中抢救出来的件件物品，表现得既忧伤又平稳，沉浸在往事之中。原卿听着，没有一丝表情破坏他脸上的线条。他的眼睛盯住埃尔维·荣库尔的嘴唇，好像那些话是临终遗言的最后几句。整个房间里的气氛是那么安静和凝重，仿佛顷刻间就会发生重大的事情。然而，什么也没有发生。

　　突然间，

　　那位少女，

　　丝毫未动地，

　　睁开眼睛。

　　埃尔维·荣库尔本能地将目光垂落到她的身上。看到了。他没有停止说话。他看到那双眼睛不是东方人的形状，并且直视着

他，目不转睛，撩拨人心。睫毛下的那双眼睛仿佛从一开始就是
如此。埃尔维·荣库尔以尽可能做到的自然表情，将视线移至别处，
继续讲话，努力不让自己的声音出现异常。只是在他的眼睛朝放
在面前地上的茶杯望去时，他才停顿下来。他用一只手端起茶杯，
送至唇边，慢慢地饮茶。当把杯子再次放置面前时，他重新开始
讲话。

十五

◈

　　法国，海上旅行，拉维尔迪厄的桑树的清香，蒸汽火车，海伦的声音。埃尔维·荣库尔继续进述着他的生活，是什么样的，在生活中，他做了些什么。那位少女不停地盯视他，向他施加一种压力，逼得他说每一句话都必然采用怀旧的语气。当她突然从裙服中露出一只手，它悄无声息地在面前的地席上移动时，房间好像陷入了一种永久的静止状态。埃尔维·荣库尔看见那只苍白的手伸进了自己视界的边缘，只见它擦过原卿的茶杯，然后，不可思议地，继续滑向另一只杯子，毫不犹豫地抓住它——那无疑是他喝过的杯子。她轻轻地端起杯子，把它拿走。原卿面无表情地死盯着埃尔维·荣库尔的嘴唇，毫不停歇。

　　少女稍微地抬起头。

　　她第一次将目光从埃尔维·荣库尔身上挪开，移至茶杯上。

　　缓缓地，她将茶杯上埃尔维·荣库尔饮用过的地方准确地转至双唇间。

　　她半眯起眼睛，喝下一口茶。

　　她将杯子从唇边拿开，并将杯子推回原处。

她让那只手隐退于裙服之下。

她重新将头靠在原卿的怀里。

睁开的双眼，死死地盯着埃尔维·荣库尔的眼睛。

十六

◈

埃尔维·荣库尔又说了很久。只是当原卿把目光从他身上挪走并且点头示意时，他才住口。

寂静无声。

原卿讲法语，略为拖长元音，用沙哑的真嗓子，说道：

——如果您愿意，我很高兴看到您再来。

他第一次露出微笑。

——您弄到的种子是鱼子，价值聊胜于无。

埃尔维·荣库尔垂下目光。在他面前摆放着茶杯。他端起来，开始转动、打量，好像在杯口的彩色花边上寻找自己的东西。当他找到了所寻找的东西，就将嘴唇凑上去，一饮而尽。然后他将茶杯放回面前，说道：

——我知道。

原卿开心地笑了。

——您因此而付了假金币，是吗？

——我为买到的东西付钱。

原卿的神情复归严肃。

I

'm

I

——当您从这里走出去时，您将得到您想要的东西。

——当我离开这座岛屿时，如果还活着的话，您将收到您应当得到的黄金。请记住我的话。

埃尔维·荣库尔连回话也不等了。他站起身来，倒退几步，然后躬身施礼。

退出之前，他最后看见的是她的眼睛，无言的目光，全然专注地望着他的眼睛。

十七

◈

六天后，埃尔维·荣库尔于高冈市乘上一艘荷兰走私船，那船将他带到萨比尔克。他从那里进入中国境内，横穿四千公里的西伯利亚大地，来到贝加尔湖，越过乌拉尔山，抵达基辅，乘火车由东向西跨过整个欧洲，最后到达法国。四月份的第一个星期日——赶上了大礼弥撒——他站在了拉维尔迪厄的城门前。他驻足停立，感谢上帝，步行入城，每走一步就默念一个人的名字，为了永远不忘记他们。

——世界的尽头如何？

巴尔达比乌问他。

——无法看见。

他给妻子海伦带回一件绢丝内衣作礼物，她因为害羞从来不曾穿过。如果用手指拎起那件内衣，会感到轻若无物。

十八

◈

埃尔维·荣库尔从日本带回的蚕子——成百上千地粘在一张张小小的桑树皮上——证实自己完全健康。在拉维尔迪厄地区，那一年的蚕丝生产红红火火，产量高而且质量好。人们决定增开两家缫丝厂，而巴尔达比乌叫人们在圣安妮丝教堂边修筑了一座庭院。不知他为什么要这么做。他想象着庭院是圆形的，将设计交给一位名叫胡安·贝尼特斯的西班牙建筑师去完成，此人在斗牛场这类建筑物的设计方面享有一定的声誉。

——庭院中间理所当然是没有沙石的，而是一座花园。在入口处，可能的话用海豚头像代替公牛头像。

——海豚，先生？[1]

——贝尼特斯，你记清楚这种鱼了吗？

埃尔维·荣库尔算了一笔账，发现自己成了富翁。他在自己田产的南边买进三十英亩土地，用夏季几个月的时间勾画园林草图，那将是一个可供人轻松安静地散步的地方。他想象着这座园林像世界的尽头一样，是不能一览无余的。每天早晨，他走到凡

1　原文为西班牙语。

尔登咖啡馆，在那里听小镇传闻和翻阅从巴黎寄来的报纸、杂志。傍晚，他会在柱廊下待很久，坐在妻子海伦身边。她高声朗读一本书，这令他感到幸福，因为他认为世界上没有比这更美妙的声音了。

一八六二年九月四日，他满三十三周岁。生活在他眼前上演着赏心悦目的戏剧。

十九

◈

——你不应当心怀任何恐惧。

由于巴尔达比乌决定如此，埃尔维·荣库尔于十月一日再次出发前往日本。他在梅茨附近越过法国边境，横穿符腾堡和巴维也拉，进入奥地利，乘火车经过维也纳和布达佩斯，然后直达基辅。他骑马在俄罗斯大草原上驰骋两千公里，翻过乌拉尔山，进入西伯利亚，旅行四十天，到达贝加尔湖，当地人称之为——魔鬼。他顺黑龙江直下，沿着通向大海的中国边境线往前走。当他到达海边后，在萨比尔克港口滞留了十一天，最后一条荷兰走私船将他带到日本西海岸的寺屋岬。他步行，走偏僻的小路，走过石川县、富山县、新潟县，进入福岛县境内，抵达白川市。他在该城的东边转悠了两天，等来了一个穿黑衣的男人，那个男人蒙住他的双眼，将他带进原卿的山村。当他重新睁开眼睛的时候，他的面前站着两位男仆。他们拿着他的行李，将他引至一座森林的边缘，给他指示一条林间小路，并留下他单独一人。埃尔维·荣库尔行走在树木的阴影之中，在他四周和头顶上的树枝阻断了日光。只有当枝叶突然分开，仿佛瞬间在小路边打开一扇窗户时，他才停住脚步。只见一片湖水，位于脚下三十米深处。在湖畔，原卿和一个穿橘红色衣服、长发披肩的女人蹲伏在地上。只看见他们的背影。在埃尔维·荣库尔看见她的一刹那，她舒缓地转过身来，在那一瞬间，恰好与他的目光相遇。

她的眼睛不是东方人的形状，她的脸是一位妙龄少女的面庞。

埃尔维·荣库尔重新开始行走在茂密的森林里，当他走出树林时就到达了湖边。在他前面几步之遥处，原卿，独自一人，背对着他，静坐着，身穿黑衫，在他身旁有一袭橘红色的衣服，弃置在地上，还有两只草编凉鞋。埃尔维·荣库尔走上前去。层层细浪将湖水送至岸边，仿佛从远处长途跋涉而至。

——我的法国朋友。

原卿低声微语，没有转过身子。

几小时过去了，他们比肩而坐，时而交谈，时而沉默。然后原卿站起身来，埃尔维·荣库尔跟着起身。在踏上林间小道之前，他以令人难以觉察的动作将自己的一只手套抛落在那件遗留在湖畔的橘红色衣服旁。他们走进小镇时，天色已晚。

二十

◈

埃尔维·荣库尔在原卿那里做了四天客人。他就像生活在国王的宫廷里一样。整个小镇都为这个男人而存在，在这些小山丘上，几乎没有不是为了他的安全和享乐而设置的东西。生活低调地爬行，如同一只被赶进巢穴的动物，精明地缓速行动。世界恍若倒退了几个世纪。

埃尔维·荣库尔有一座独享的房子和五个寸步不离、随行左右的男仆。他单独进餐，在一棵繁花似锦的大树的荫庇之下。那些花儿是他过去从未见过的。他们每日郑重其事地伺候他饮茶两次。傍晚，他们将他送至室内最大的客厅，客厅里石材铺地。就在那里，他们让他完成了沐浴仪式。三位妇人——年老色衰，面容被一种白色的油彩遮盖——将水浇洒在他的身体上，然后用大块的丝绸替他擦拭干净。丝巾是温热的。她们的手粗硬如同木头，但是动作特别温柔。

第二天早晨，埃尔维·荣库尔看见小镇里来了一位白人，两辆满载大木箱的车子随行。那是一个英国人。他不是为采购而来此地的。他推销至此。

——武器，先生。[1] 那您呢？

——我购买，蚕种。

他们一起用膳。英国人有许多故事可聊：他来往于欧洲和日本之间八年了。埃尔维·荣库尔一直在洗耳恭听，只是到最后才问他：

——您认识一个生活在这里的女人吗？她很年轻，我相信是欧洲人，白种人。

那英国人不停地吃着，表情毫无变化。

——在日本不存在白种女人。没有一个白人女子在日本。

次日他离去，满载黄金。

1　原文为法文。

二十一

◇◇

　　埃尔维·荣库尔只是在第三天的早晨才重见原卿。他先是发现他的五个男仆倏然消失，仿佛中了魔法，片刻之后，便看见原卿光临。在那个小镇，所有的人为了他而生存的那个男人，总是独来独往。似乎有一条心照不宣的规矩，命令世人让他离群索居。

　　他们一起爬上山坡，径直到达一处林中空地，那里的天空，被几十只生着蓝色大翅膀的鸟儿的飞翔划破。

　　——人们在这里观看它们飞翔，并且从它们的飞行中察知未来。原卿说道。

　　——当我还是一个少年的时候，我的父亲曾带我到一个与这里相似的地方。他把他的弓塞进我的手里，命令我射击其中的一只鸟儿。我照办了，一只大鸟，长着蓝色的翅膀，摔落到地面，好像一块毫无生息的石头。我的父亲对我说，如果你想知道你的未来，就得看明白你的箭头的去向。

　　鸟儿飞得很慢，在空中上上下下，好像要将天空擦拭干净，用它们的羽翼，很小心地。

　　他们在一种下午像是傍晚的奇怪阳光中走回小镇。到达埃尔维·荣库尔的住处后，他们告别。埃尔维·荣库尔站在门槛边不动，目光注视着他。等他大约走出二十步开外，埃尔维·荣库尔说道：

——何时您将告诉我，那位小姑娘是何方人氏？

原卿继续前行，步履沉缓，却并非疲乏所致。四周万籁俱寂，一片空虚。似乎出于一种特殊的规定，不论去哪里，那个男人都无条件地、彻底地踽踽独行。

二十二

◈

次日清晨，埃尔维·荣库尔从他的住处走出，在村子里信步闲逛。一路上遇见的男人们都向他躬身施礼，女人们则低眉顺眼地朝他微笑。他看见一座巨大的鸟舍，里面关养着多得难以计数的各种鸟类，蔚为奇观。这时他明白自己走近了原卿的住宅。原卿曾经对他讲起过，他让人从世界各地搜求这些珍禽奇鸟。其中一些鸟儿价值连城，超过拉维尔迪厄丝绸的年产值。埃尔维·荣库尔驻足观赏这种豪华的狂热嗜好。他想起曾经在某本书里读到，东方男人为了奖励情人的忠诚会赠送她们礼物，不经常是首饰，而是极其美丽的精致小鸟。

原卿的住宅仿佛沉浸在一片宁静的湖水之中。埃尔维·荣库尔朝它走近，并在离入口几米处站定。没有门，纸质屋壁上的影像时隐时现，无声无息。不像居家过日子。如果有一个词可以形容这一切的话，那就是——演戏。不知会发生什么事情，埃尔维·荣库尔止步等待：纹丝不动，双脚站立，在与那座房子相距几步之遥处。在他听凭命运发落的这段时间里，在那个独特的舞台上泻出的只有影像和寂静。于是他转过身，埃尔维·荣库尔最终快步走向自己的住处。他低着头，盯着自己的脚尖，因为这样行走可以使他不去思考。

二十三

◈

当晚，埃尔维·荣库尔打点好行李。然后被人带到那间石砌地面的大房间，举行沐浴仪式。他躺下，闭上双眼，回想着大鸟舍，那不可思议的爱情信物。她们用一块湿布盖住他的眼睛——从前不曾这样做过。他本能地伸手去拿掉那块布，但是有一只手捉住他的手，将它按住。那不是一个老女人的苍老之手。

埃尔维·荣库尔感觉到水在身上流淌，起先在大腿上，然后顺着手臂，及至胸脯。水滑如油。四周静得出奇。他感觉得到一条丝巾落到身上的轻柔。一个女人的手，一个女人的，替他擦干身体，并且抚摸着他的皮肤，浑身上下，用那双手和那块轻柔若无的丝巾。他自始至终都不曾动弹过，当他感觉到那双手从肩部向上伸到颈部时，也没有动过，她的手指，丝巾和指头，一直往上，触及他的嘴唇，并在嘴唇上磨擦而过。一次，缓慢地，然后消失。

埃尔维·荣库尔还感觉出丝巾被提起，离开了他。最后的事情是一只手掰开他的手，往他的掌心里塞进了什么东西。

他等待良久，在寂静中，不敢动弹。后来，他慢慢地从眼睛上拿开那块布，几乎不见亮光，在那个房间里。身边不见任何人。

他站起身来，拿起叠放在地上的浴袍，将袍子披在肩上，走出房间，横穿屋子，来到他的席铺前，躺了下去。他开始打量灯笼里的火焰，微弱，摇曳不定。他小心翼翼地，拖延着那个时刻，拖够了他所希望的时间。

　　然后，在寂寥之中，他张开手掌，看见了那张纸条。很小。一个接着一个竖写着的很少的几个象形文字。黑色墨水。

二十四

次日清晨，埃尔维·荣库尔很早就出发了。他将蚕种藏入行李之中，随身携带着成千上万的蚕子，也就是说，携带着拉维尔迪厄的未来，几百个工作岗位，以及其中十来个人发财致富的机会。在道路向左拐处，村庄的景色总是被遮挡在山后。他不顾及护送的两位男仆，兀自停止前行。他翻身下马，在路边站立片刻，目光注视那些攀伏在山梁上的房屋。

六天之后，埃尔维舍骑换舟，在高冈市乘上一艘荷兰人的走私船，随之到达萨比尔克，从那里越过中国边境直至贝加尔湖，走过四千公里的西伯利亚大地，翻越乌拉尔山，到达基辅，乘火车由东至西横穿整个欧洲，最后到达法国，旅行三个月。四月的第一个星期日——赶上大礼弥撒——他来到拉维尔迪厄城门下。他看见妻子海伦朝他奔跑过来，当他将她拥入怀中时闻到了她肌肤的芬芳，并且听到了她那丝绒般的声音，对他说：

——你回来了。

温柔甜美。

——你回来了。

二十五

◈

　　在拉维尔迪厄，日子简单地流淌着，生活按照正常规律有条不紊地进行。埃尔维·荣库尔自在逍遥了四十一天。第四十二天，他忍耐不住了，打开他的旅行箱中的一格，抽出一张日本地图，翻开地图，取出那张纸条，这是几个月前他收藏在里面的。

　　不多的几个象形文字一个接着一个往下竖写着。黑色墨水。他坐在写字台边，长久不动地凝视它。

　　他在凡尔登咖啡馆找到正在玩台球的巴尔达比乌。他总是一个人玩，和自己对抗。奇怪的比赛。健全者对断臂者，他如是命名。他正常地击一次球，接着的那一次只用一只手。断臂者打赢的那一天——他说——他将离开这座城市。多年来，断臂者总是输球。

　　——巴尔达比乌，我要在这里找一个能读懂日文的人。

　　断臂者击球，两次贴库后落袋。

　　——你去问埃尔维·荣库尔，他知道一切。

　　——我一点儿都不懂。

　　——在这里，你是日本人。

　　——但是我同样是什么也不懂。

　　健全者俯身于球杆上，送出一个六分球。

　　——那么只有布朗什夫人了。她在尼姆开了一家布店。布店的楼上是一家妓院，那也是她的生意。她是富婆，而且她是日本人。

　　——日本人？她怎么来到这里？

　　——你不要问她这些，既然你有求于她。臭球。

　　这时断臂者失误，输掉十四分。

二十六

◈

　　埃尔维·荣库尔对妻子海伦称，自己为了生意上的事情，不得不去尼姆城一趟，还说当天就能回来。

　　他来到莫斯卡街十二号，登上布店之上的第二层楼，打听布朗什夫人。他等待了很久。大厅的装饰使人觉得是为了一个多年前就开始而又永远不会结束的节日盛会。姑娘们全都是年轻的法国女子。有一位琴师在演奏，使用的是一架索尔迪纳琴[1]，听得出来弹的是俄国曲子。每弹完一段，他就将右手插入头发里轻声嘀咕：

　　——结束了。

1　索尔迪纳琴，一种键盘乐器，类似古钢琴。

二十七

◈

　　埃尔维·荣库尔等候了两小时。后来被人引入走廊，送至最后一扇门前。他推门，入室。

　　布朗什夫人倚坐在一把大靠椅上，临近窗户。她身穿一件薄料子和服，浑身素皓。在她的手指上，像戒指一般，戴着一些深蓝色的小花。头发乌黑，闪亮发光，东方人的脸庞，完美无瑕。

　　——您凭什么认为自己富裕得足以同我上床呢？

　　埃尔维·荣库尔站立不动，面对着她，帽子拿在手中。

　　——我需要您帮一个忙。不在乎什么价钱。

　　然后他从外衣的内兜里掏出一张小纸条，四折叠好的，把它递过去。

　　——我想知道上面写着什么。

　　布朗什夫人纹丝不动，嘴唇半张半翕，似笑非笑。

　　——我恳求您，夫人。[1]

　　尽管没有任何通常的理由去做这件事情，她还是接过纸条，打开，观看。她抬眼看看埃尔维·荣库尔，又垂下目光。她重新

1　原文为法文。

折叠好纸条，动作徐缓。当她为了返还纸条而趋身向前时，胸前的和服些微张开。埃尔维·荣库尔看见她的和服里面什么都没有穿，她的肌肤鲜嫩而洁白。

——你返乡，或我将亡。

她用冷冰冰的声音说出这句话，同时注视着埃尔维·荣库尔，不放过他任何细微的表情。

你返乡，或我将亡。

埃尔维·荣库尔重新将纸条放回外衣的内置口袋里。

——谢谢。

他鞠躬致谢，然后转身，向门口走去，将一些纸币放在桌上。

——算了吧。

埃尔维·荣库尔迟疑了一下。

——我不是说钱。我是说那个女人，算了，别管她。她不会死，而且您也明白这一点。

埃尔维·荣库尔没有回头，将钱搁在桌子上，开门离去。

二十八

◈

　　巴尔达比乌说过，有时候，一些人为了同布朗什夫人做爱，不惜从巴黎远道而来。回到首都后，他们在晚礼服衣领上插上几朵蓝色小花向人炫耀，就是她一向戴在手指上，当作戒指的那些花。

二十九

◈

　　生平第一次，那年夏天，埃尔维·荣库尔带妻子去里维埃拉海滩。他们在一家名叫尼扎的饭店住了两个星期，光顾这里的大多数是英国人，旅馆以向顾客提供音乐晚会而出名。海伦相信，住在如此美妙的地方将能孕育出他们多年来梦寐以求的儿子。他们确定将会是一个男孩，名字就叫菲利普。他们愉快地参加海滨浴场的社交生活，玩得非常开心，然后关上房门，嘲笑他们遇见的一些奇奇怪怪的人。一天晚上，在音乐会上，他们结识了一位皮货商，波兰人。他说自己去过日本。

　　在离开那里的前一天夜里，埃尔维·荣库尔突然睡醒。那时天还很黑，他起了床，走到海伦的床边。当她睁开眼睛时，他听见自己的声音在轻轻地说：

　　——我爱你到永远。

三十

◈

　　九月初，拉维尔迪厄的养蚕人聚集在一起，为了确定怎么办。政府事先派了一位年轻的生物学家到尼姆城，负责研究造成法国生产的蚕种失去繁殖能力的病害。他名叫路易·巴斯德，他使用几架显微镜工作，可以观察肉眼看不到的东西，据说已经取得了显著的成果。从日本传来的消息说，一场内战迫在眉睫，战争是由那些反对外国人进入自己国家的政治力量挑起的。刚在横滨设立不久的法国领事馆发回文件，劝阻人们暂时不要同该岛国进行贸易往来，建议等待更好的时机。拉维尔迪厄的显要人物们生活谨慎，对每一次秘密远征日本消耗的巨额成本又很敏感，其中的许多人提出取消埃尔维·荣库尔的出差，以及当年使用经中东的大进口商转手而来的几批蚕种的设想。那些货品的可靠性较差。巴尔达比乌一直在听大家讲，没有说一句话。最后轮到他发言时，他所做的就是将他的拐杖摆到桌面上，抬眼看着坐在他对面的那个男人。等待。

　　埃尔维·荣库尔知道巴斯德的研究，也读到过从日本传来的新闻，但是一直拒绝加以评论。他宁愿将时间花费在修改那座他想建造在他家旁边的花园的设计草图上。他在书房内一个隐密的角落里保存着一张四折叠好的纸条，那上面一个接着一个地竖写着不多的几个象形文字。黑色墨水。他在银行里有一笔相当数目的存款，过着宁静安逸的生活，满怀着很快就要做父亲的合理希望。当巴尔达比乌将目光对准他时，他说的那句话是：

——你决定吧，巴尔达比乌。

三十一

◈

　　埃尔维·荣库尔于十月初出发去日本。他在梅茨附近跨出法国边境，穿过符腾堡和巴维也拉，进入奥地利，乘火车经过维也纳和布达佩斯，然后继续向前抵达基辅。他在俄罗斯大草原上骑马驰骋两千公里，翻越乌拉尔山，进入西伯利亚，旅行四十天后到达贝加尔湖。当地的人们称之为——最后的湖。他顺黑龙江而下，然后沿中国边境线向大海前进。当他到达海边时，在萨比尔克港口滞留十天，直到一艘荷兰走私船将他带到日本西海岸的寺屋岬。他看到的那种景象，是一个等待战争爆发的混乱国家。他行走数日却无需往常的谨慎，因为在他身边，各地的政权机构和检查站好像由于战争的临近而松懈了。战争一旦爆发，这些机构就将全盘重新布局。他在白川市遇见了那个负责带他去见原卿的人。他们骑马走了两天，到达村庄附近。埃尔维·荣库尔下马步行进村，如此，他来访的消息，可以赶在他到达之前传到。

三十二

◈

人们将他带至村庄最后几栋房屋之中的一栋，在山顶上，树林旁边。五位男仆正恭候着。他把行李交给他们，走到外面的游廊上。他隐隐约约地看见原卿的住宅出现在村子的另一端，比其他房屋略大，被巨大的松树环绕，护卫着它离群索居地独处。埃尔维·荣库尔久久地注视着它，仿佛在他与地平线之内不存在其他东西。于是他看见——

在最后时刻，

突然间，

数百只飞鸟布满那座房屋的上空，仿佛从地面一哄而起。各式各样的鸟儿，受到惊吓，四处逃窜，狂飞乱舞，尖叫共鸣，翅膀像烟花绽放，如阳光下一片彩色的云。惊慌的鸣叫声组成逃亡乐章，在天空中飘荡。

埃尔维·荣库尔微笑着。

三十三

❖

　　村庄开始骚动起来，人们犹如一窝疯狂的蚂蚁：大家奔跑、叫喊，两眼朝上看，追赶着那些逃窜的鸟儿。它们多年来代表着老爷的尊贵，此时却变成了飞在空中的闹剧。埃尔维·荣库尔走出他的屋子，往村里走去。他缓步徐行，从容不迫地望着前方。似乎没有人看见他，他似乎也没有看见旁人。他是一根金线，直接穿插进一块疯子编织的地毯中。他走过河上的桥，一直走到大松树边，钻进松树林，又钻出来。他看见巨大的鸟笼就在面前，笼门大开，完全空了。在鸟笼前，有一个女人。埃尔维·荣库尔目不斜视，继续径自往前走，款款前行，一直走到她的面前才停步。

　　她的眼睛不是东方人的形状，她的脸是一位妙龄少女的面庞。

　　埃尔维·荣库尔朝她上前一步，伸出一只手，张开手掌。在他手心里有一张小纸条，四折叠好。她看见纸条，脸上的每一个角落都在微笑。她将一只手放到埃尔维·荣库尔的手上，稍作停留，然后将手抽回去，手指间夹着那张在世界上转过一圈的纸条。她刚刚将纸条藏入衣服的一道褶边里，就响起原卿的声音。

　　——欢迎您，我的法国朋友。

他出现在几步开外，深色的和服，黑色的头发精心地收拢在脑后。他走近了。他开始查看鸟笼，逐个地打量那些张开着的笼门。

——它们会回来的。总是很难抵制回归的欲望，不是吗？

埃尔维·荣库尔没有回答。原卿两眼看着他，和颜悦色地对他说：

——您来吧。

埃尔维·荣库尔跟随其后。他走出几步后转身朝着那位少女，行一个鞠躬礼。

——我希望能很快再见到您。

原卿继续向前行。

——我不懂您的语言。

她说道。

——您来吧。

三十四

◈

　　那天晚上，原卿邀请埃尔维·荣库尔去他家里。那里有一些村里的男人和穿着华丽的女人，她们的脸上涂抹着白色和艳丽色彩的脂粉。人们喝清酒，用长长的木制烟袋抽一种气味浓烈得令人眩晕的烟草。进来几个卖艺的人，一位男子摹仿人和动物的声音，引起哄堂大笑。三位老妇人弹拨弦乐，从未停止过脸上的微笑。原卿坐在首席，身穿黑色衣服，裸着双脚。那位有着少女面庞的女人坐在他的身边，一袭丝绸长袍，灿烂耀眼。埃尔维·荣库尔坐在房间另一头的最远处。他被周围女人甜腻腻的香气包围着，朝那些沉迷于欢乐的男人们困惑地微笑，他听不懂他们讲的故事。他千百次地寻找她的眼睛，而她千百次地与他的目光相遇。那是一种忧伤的舞蹈，悄然而无奈地进行着。埃尔维·荣库尔跳至深夜，然后站起身来，用法语说了一句致歉的话，设法摆脱一位执意要陪送他的妇女，拨开烟雾和那些用他所不懂的语言朝他大喊大叫的男人，离开了那里。迈出房间之前，他最后一次朝她望过去。她正在看他，目光茫然，相距有数个世纪之遥。

　　埃尔维·荣库尔在村子里信步游荡，呼吸着黑夜里的清新空气，迷失在山坡上的一些小巷里。当他来到自己屋前时，看见一个红灯笼，透着亮光，在纸壁后面晃动。他迈步入室，发现两位妇人，站立着，就在他的面前。一个东方姑娘，年轻，穿着一件朴素的白色和服。还有她。她的眼睛里有着一种十分兴奋的快乐。她没有给他留出任何行动的时间。她走上前来，抓起他的一只手，捧到脸上，用嘴唇触抚，然后使劲地握住，放到她身旁的那位姑娘的双手里。她按住那只手，停留片刻，以使他不能挣脱。她放开手，最后，往后退行两步，拿起灯笼，朝埃尔维·荣库尔看了两眼，跑开了。那是一只橘红色的灯笼。微弱的灯光远去，消失在黑夜里。

三十五

◈

　　埃尔维·荣库尔从前没有见过那位姑娘，那天夜里，也没有，没有真正地见过她。在没有灯光的房间里，他感觉到她的胴体的美丽，熟悉了她的纤手和秀唇。他与她做爱几小时，让她教会自己一种不曾知道的徐缓行事的方法，做出从前不曾做过的动作。在黑暗中，与她做爱和不做爱，都是一种虚幻的境界。

　　黎明到来之前，那姑娘起床，穿上白色和服，飘然离去。

三十六

◈

　　早上，埃尔维·荣库尔发现，原卿派来的一个人正在住所对面等待他。他带来十五张桑树皮，上面密密麻麻地覆盖着蚕子：细小颗粒，象牙色。埃尔维·荣库尔检验每一张树皮，非常仔细，然后谈妥价钱并用金币支付。在那个人离开之前，埃尔维·荣库尔让他明白自己想见原卿。那人摇摇头。埃尔维·荣库尔看着他的手势，知道在那天清晨很早的时候，原卿就带着随从离开了，没有人知道他会在什么时候回来。

　　埃尔维·荣库尔跑步穿越村庄，直奔原卿的住宅。他只看见几个仆人，一问三不知地摇头。那座房子真是人去楼空了。他四周搜寻一番，在废弃的东西中看不出任何有用的信息。他离开那座房屋，回头走向村里，从那个巨大的鸟笼前经过。所有的笼门重新关上。里面，成百上千只鸟儿在飞翔，不见天日。

三十七

◈

埃尔维·荣库尔又等了两天，音讯全无。然后就出发了。

他离开村子不出半小时，前面就出现一片树林。他从林子边走过时，树林里传出一种奇特的、清脆的嘈杂声。只见一大群鸟儿躲在枝叶间驻足歇息，像是千万个黑色斑点杂陈林间。没有向送行的那两个人解释，埃尔维·荣库尔就停住他的坐骑，从腰带上拔出手枪，向空中连发六颗子弹。那群鸟儿受惊后，冲向天空，像是从火中升起的一片烟云。飞鸟遮天蔽日，一连数日，他在行程中都看得见。空中黑压压一片鸟儿，没有目的地、惊悚不安地乱飞。

三十八

◈

　　六天之后，埃尔维·荣库尔在高冈市搭乘上一条荷兰走私船，随后到达萨比尔克。他从那里沿中国边境线至贝加尔湖，横穿四千公里的西伯利亚大地，翻越乌拉尔山，到了基辅，乘火车由东至西走遍整个欧洲。经过三个月的旅行，终于到达法国。四月的第一个星期日——正好赶上大礼弥撒——他来到拉维尔迪厄城门之下。他吩咐停下马车，在打开的小窗子后面静坐几分钟。然后下车，迈步前行，一步一步往前挪，疲惫至极。

　　巴尔达比乌问他是否目睹了战争。

　　——不是我所预料的那种。

　　他回答道。

　　夜里，他钻进海伦的床，急不可耐地与她做爱，令她惊骇不已，无法控制地流泪不止。当他有所觉察时，她竭力地对他微笑。

　　——只是因为我太幸福了。

　　她低声细语。

三十九

◈

　　埃尔维·荣库尔将蚕种分发给拉维尔迪厄的养蚕户。随后，许多日子，他没有在小镇上露面，甚至连每日散步至凡尔登咖啡馆的习惯也放弃了。五月初，他让人们大吃一惊，他买下让·贝尔贝克留下的房屋，那个人有一天停止说话，并且至死都不再开口。大家以为他打算把那里变成他的新作坊。他并没有着手将房屋腾空。他不时去那里，并且逗留，一个人。没有人知道他在那些房间里做什么。一天，他将巴尔达比乌带去。

　　——你可知道让·贝尔贝克为什么不说话吗？

　　他向他发问。

　　——这是他没有说的许多事情之一。

　　虽然时隔数年，可是墙壁上还挂着图画，洗碗池边还有压住抹布的锅碗。待在这种地方不是一件愉快的事情，巴尔达比乌更愿意离开。可是埃尔维·荣库尔一直着迷似的打量那些死气沉沉的发霉的墙壁。很显然，他在寻找什么东西，在那房子里面。

　　——也许是生活，有时候，转得你觉得实在无话可说了。

　　他说道。

——没有了，永远没有了。

巴尔达比乌不太喜欢严肃的话题。他正盯着让·贝尔贝克的床看。

——住在这么可怕的房屋里，谁都可能变成哑巴。

埃尔维·荣库尔继续过着一种隐居生活，很少让人在镇上看到他。设计那座他迟早要修建的花园，是他消磨时间的方式。他在一张又一张的纸上画满奇形怪状的图画，好像是机器。一天晚上，海伦问他：

——是什么东西呀？

——是一个鸟笼。

——一个鸟笼？

——对。

——有什么用处？

埃尔维·荣库尔的两眼牢牢地看着那些草图。

——你把它装满鸟儿，尽你所能地多装，然后某一天你遇上高兴的事儿，就打开它，看着它们飞走。

四十

◈

　　七月底，埃尔维·荣库尔携妻子去尼扎。他们住进一栋小别墅，在海边。海伦想要如此，她相信离群索居的宁静能够消除几乎将丈夫控制住的忧郁情绪。而且，她已经机智地考虑好，要做一件任性、出格的事，以此给她所爱的这个男人提供宽恕别人的欣慰，将郁闷之气一扫而光。

　　他们一起度过了三个星期暂时的、无可挑剔的幸福时光。在气温比较凉爽宜人的日子里，他们租一辆马车，到山上去寻找那些隐蔽、偏僻的村镇。在那些地方，大海就像是用彩色纸板搭成的舞台背景，他们乐此不疲。有些时候，他们去城里听音乐会或参加社交活动。一天晚上，他们接受了一位意大利男爵的邀请，他在瑞士饭店举办盛大晚宴，庆祝自己的六十大寿。当埃尔维·荣库尔偶然抬头朝海伦望去时，正是吃餐后水果的时候。她坐在餐桌的另一侧，挨着一位迷人的英国绅士。那人与众不同，他在紧身上衣的翻领上插了一束深蓝色的小花以示炫耀。埃尔维·荣库尔看见他趋身靠向海伦，伏在她耳边嘀嘀咕咕地跟她说话。海伦开始发笑，那模样极美，她一边笑着一边将身体微微倾向英国绅士，直至她的秀发擦碰到他的肩头。她这样做毫无愧色，而是明白无误地卖弄风情。埃尔维·荣库尔低头将目光垂向盘子。他感觉到自己那只握着银勺的手，无疑是在发抖。

过了一会儿，在抽烟的时候，埃尔维·荣库尔由于饮酒过量而步履蹒跚。他走近一位男士，那人坐在桌子边，独自一人，望着自己的前方，一脸愚钝的表情，甚是可爱。他俯下身，慢吞吞地对他说：

——我应当告诉您一件非常重要的事情，先生。[1] 我们大家都很讨厌。我们大家都很了不起，也都很讨厌。

那人来自德累斯达。贩卖小牛，懂一点儿法语。他点头表示同意，同时爆发出一阵震耳的大笑，反复地笑，好像停不下来。

埃尔维·荣库尔和妻子在利古里亚海岸住到九月初。他们惋惜地离开小别墅，因为在那四壁围合之中，他们体验到了相爱的命运之轻。

---

1   原文为法文。

四十一

◈

头一天早上，巴尔达比乌去了埃尔维·荣库尔的家。他们在门廊里坐下。

——这花园还不见眉目。

——我还没有开始施工，巴尔达比乌。

——噢，是这样。

巴尔达比乌从不在早上吸烟。现在他掏出烟斗，装好烟丝，点上火。

——我认识那位巴斯德，是一个能干的人。他让我看了。他能够将染病的卵从健康的卵中识别出来。当然，他医治不了。但是他能够分离出那些健康的。他说我们生产的蚕种中大约有百分之三十是好的。

静默。

——据说日本爆发了战争，这次是真的。英国人向政府提供武器，荷兰人给造反派提供武器。我觉得他们是协商好的。他们让双方为财富而争斗，然后他们收拾起一切东西，一起瓜分。法国领事馆正在旁观，那些人总是在袖手旁观。他们擅长的只是发消息，讲述大屠杀，以及外国人如何像绵羊一样被宰割。

静默。

——还有咖啡吗？

埃尔维·荣库尔给他倒咖啡。

静默。

——那两个意大利人，费雷利和另一个人，他们去了中国，去年……他们带回一万五千盎司蚕种，好货。他们还买了波莱特的蚕种，说是品质一流的东西。一个月后他们又将出发……他们提议同我们做一笔好生意，要价公道，每盎司十一法郎，这一切是有担保的。他们是正经生意人，背靠一个机构，在半个欧洲卖蚕种。我告诉你，他们是正派人。

静默。

——我不知道。但是也许我们可以这么干。用我们的蚕种，让巴斯德检验，然后我们可以从两个意大利人那里买一些……我们可以这么做。镇上的其他人说再派你去那边是发疯……那种代价……他们说太冒险了，在这一点上他们说得有理，以前那几次另当别论，可是现在……现在很难从那里生还。

静默。

——事实是他们不想失去蚕种，而我不想失去你。

埃尔维·荣库尔将眼光对准那座尚未出现的花园，眺望片刻，然后决定去做一件他从未做过的事情。

——我将去日本，巴尔达比乌。

他说道。

　　——我将去买那里的蚕种，必要的话我将用自己的钱去做这件事情。您只是应当决定我是否把东西卖给您，或者其他的什么人。

　　巴尔达比乌不曾料想到这样。他如同看见断臂者赢球，最后一击，四次贴库，一种不可能存在的几何学。

四十二

◈

　　巴尔达比乌告诉拉维尔迪厄的养蚕人，巴斯德不可信，那两个意大利人已经使半个欧洲上当受骗。在日本，战争于入冬前就将结束，圣安妮丝在梦中问他，大家是不是一群胆小鬼。只有对海伦他不能说谎。

　　——真的需要他去吗，巴尔达比乌？

　　——不是。

　　——那是为什么呢？

　　——我不能阻止他。既然他想去那里，我只能多给他增加一个回来的理由。

　　拉维尔迪厄的全体养蚕户，不情愿地，为远征的费用交付了各自的份额。埃尔维·荣库尔开始做准备工作，十月初他将整装待发。海伦，像往年一样协助他，不问什么，在他面前掩饰自己内心的不安。只是在最后一夜，在熄灯之后，她鼓足勇气对他说：

　　——你答应我一定要回来。

　　声音坚定，不再甜美。

　　——你答应我一定要回来。

——我答应你。

在黑暗中，埃尔维·荣库尔回答。

四十三

◈

一八六四年十月十日，埃尔维·荣库尔出发，开始第四次远征日本的旅行。他在梅茨附近走出法国边境，经过符腾堡和巴维也拉，进入奥地利，乘火车到维也纳和布达佩斯，继续往前至基辅。他骑马在俄罗斯大草原上驰骋两千公里，翻过乌拉尔山，进入西伯利亚，行走四十天，到达贝加尔湖。当地人称之为——圣人。他顺黑龙江而下，沿着中国边境线走到海边，在海边港口萨比尔克停留八天，等来一艘荷兰走私船将他带到日本西海岸的寺屋岬。他骑马走小路，穿越石川县、富山县、新潟县，进入福岛县境内。当他来到白川市时，看见城市处于半毁灭状态，守卫的政府军士兵们正在废墟里扎营露宿。他从东边开始，在城里转悠，徒劳地等了原卿的密使五天。第六天清晨，他向山区走去，朝着往北的方向。他有很少的几张地图，却不准确，还有他记忆中保留的印象。他日复一日地漂泊，终于有一天认出了一条河，接着认出了一片树林，接着认出了一条路。在那条路的尽头，他找到原卿的村庄：全部被烧毁。房屋，树木，一切。

没有任何东西。

没有活人。

埃尔维·荣库尔呆呆地站立着,望着这只巨大的熄灭的炭火炉。他的身后是一条八千公里的漫漫长路,而他的前面一无所有。突然间,他看到了他以为看不见的事物。

世界的尽头。

四十四

　　埃尔维·荣库尔在村庄的废墟中逗留了几个小时。他不忍离去，尽管他知道在那里每失去一小时，对于他和对于整个拉维尔迪厄都可能意味着灾难：他没有蚕种带回去，即使他找到蚕种，留给他的时间也只有两个月了。在他走遍世界之前蚕子就会裂开，在半路上成为一堆无用的幼虫。仅仅一天的拖延就可能意味着失败。他明白这一切，但还是不忍离去。他就这样待到一件不可思议的事情突然发生：从虚无之中，一眨眼，冒出了一个男孩。他衣衫褴褛，脚步缓慢，用恐惧的眼神看着异乡客。埃尔维·荣库尔站立不动。那男孩向前又走几步，站住了。他们相距几米，互相打量。后来男孩子从破衣裳里面拿出什么东西，浑身发抖地走近埃尔维·荣库尔，把那东西递给他。一只手套。埃尔维·荣库尔又看见了湖岸，一件扔在地上的橘红色长裙，细浪将湖水推上岸边，仿佛从远方长途跋涉而来。他接过手套并向男孩微笑。

　　——是我，法国人……丝绸商，法国人，你懂我的话吗？……是我。

　　男孩子停止哆嗦。

——法国人……

他目光炯炯，但是他在笑。他开口说话，说得很快，几乎在叫喊。他跑起来，打手势让埃尔维·荣库尔跟上。他消失在一条伸进树林的小路上，那条路通往高山。

埃尔维·荣库尔没有挪步。他在手里转动那只手套，好像那是一个消失的世界留给他的唯一东西。他明白自己来得太晚了，也知道别无选择。

他起身，慢慢地走近那匹马，翻身上马，然后做出了一件非同寻常的事情。他用脚蹬夹紧马肚子。他上路了。他朝着树林，跟随着男孩，离开被毁灭的世界。

四十五

◈

　　他们在高山上向着北方行走了几天。埃尔维·荣库尔不知道他们正向哪里走去，但是他任凭少年引路，什么也不打听。他们路过两个村庄。村里的人躲进屋里。妇女们闻风而逃。少年高兴得像一个疯子，追在她们身后，叫喊着一些莫名其妙的东西。他不超过十四岁。他嘴里含着一个小小的芦苇做的乐器，不断地吹奏，从他嘴里飞出世界上一切鸟儿的鸣叫声。他的脸上，有着做生平最美妙事情的神情。

　　第五天，他们到达一座山顶。少年手指前方的一处，在一条通往山谷的路上。埃尔维·荣库尔拿起望远镜，看见的是一列队伍：武装的男人、女人、孩子、车辆和牲畜。整整一个村庄，在行走。埃尔维·荣库尔看见原卿身穿黑衣，骑在马上。一乘四周用艳丽的布幔围起来的轿子摇摇晃晃地跟在他身后。

四十六

◈

少年下马，说了句什么，就跑开了。他在钻进树林之前转过身来，停留片刻，设法用手势说那里有一个极美的村庄。

——过去是一个很美的村庄。

埃尔维·荣库尔对他喊道。

埃尔维·荣库尔一整天追随着那支旅行的队伍，远远地跟着。当他看见队伍停下来过夜的时候，他继续沿着那条路走，直到两个拿武器的男人朝他走来。他们牵走他的马，拿走他的行李，将他带进一座帐篷里。他等待了很久，然后原卿来了。他不打招呼。他也不坐下。

——法国人，您怎么来到这里的？

埃尔维·荣库尔不回答。

——我问您是谁把您带到这里的？

沉默。

——这里没有任何可以给您的东西了。只有战争。不是您的战争。您走吧。

埃尔维·荣库尔从怀里掏出一个小皮包，他打开皮包，将它倒空在地上。金币。

　　——战争是一种昂贵的游戏。您需要我，我需要您。

　　原卿根本不看他撒在地上的金币，转身离去。

四十七

　　埃尔维·荣库尔在营地的边缘处过夜。没有人同他说话，就像没有人看见他。所有的人都睡在地上，靠近火堆。只有两顶帐篷。在一座帐篷边，埃尔维·荣库尔看见了那乘轿子，空荡荡的，在轿子的四角挂着一些小笼子：鸟儿。在鸟笼的网眼上垂悬着细小的金铃铛。它们叮当作响，在黑夜的微风中轻轻摇动。

四十八

当他睡醒时,看见周围的村庄正准备重新上路。帐篷没有了。轿子还在那里,敞开着。人们乘上马车,静悄悄地。他站起身来,环顾四周良久,但是,与他的目光交叉相遇而又马上低垂下去的,只有那双东方人形状的眼睛。他看见披挂兵器的男人和不哭不闹的孩子。他看见逃亡中的人们那一张张肃穆的脸。他看见一棵树,在路边。在一根树杈上挂着一个吊死的人,是那个带他至此的少年。

埃尔维·荣库尔走近,一动不动地看了他许久,好像着魔一般。然后,他解开树上的绳子,抱住少年的身体,将他放到地面,在他身边跪下。他不能将目光从那张脸上移开。因此他没有看见村庄开始行走,而只是听见擦身而过的车队的嘈杂声,仿佛从远处传来。当他听见原卿的声音时也没有抬起目光。原卿站在一步开外说道:

——日本是一个古老的国度,您知道吗?它的法律是古老的,就是说有十二条合法判人死刑的罪状。其中一条就是替女主人传递情书。

埃尔维·荣库尔没有把眼睛从那个被杀死的男孩身上移开。

——他身上没有情书。

——他就是一封情书。

埃尔维·荣库尔感觉到有什么东西压在他的头上，迫使他的脑袋弯向地面。

——是一支枪，法国人，请您不要抬头看。

埃尔维·荣库尔一时间没有弄明白。接着他听见，在那一片逃亡行动的嘈杂声中，渐渐传来上千个小铃铛的清脆响声，一步一步地朝他走来。虽然他的眼睛里只有那黑黑的土地，但他能够想象到它，那乘轿子，像一只钟摆左右摇晃，而且几乎看见它走上大路，一米接着一米地——走近了。虽然是款款而来，却又不可阻挡，由那铃声引导着。铃声越来越响亮，令人难以忍受地响亮，越来越近，近得就要擦过他的身体了。一阵响亮的铃声，真正到达他的面前。就在那个时刻，那个女人，已经明白无误地来到他面前，近在眼前。

埃尔维·荣库尔抬起头。

神奇的帐幔，丝绸，环绕着轿子，五彩缤纷，橙红、纯白、赭黄、银灰，在那个神奇的爱巢上不见一处弹痕，只有那些彩绸的窸窣声在空中荡漾。彩绸轻柔若无，却又不可穿透。

埃尔维·荣库尔只觉得自己爆炸了，生命崩溃了。他听见那铃声远去，感觉到枪杆离开了自己，又听见原卿低沉的说话声：

——您走开，法国人。永远不要再回来。

四十九

◈

　　大道两旁，只有沉寂。一个男孩的躯体，在地上。一个跪着的男人。直至白昼褪尽最后的余晖。

五十

　　埃尔维·荣库尔花费了十一天到达横滨。他贿赂一位日本官员，得到十六张蚕子，产自岛国南部地区。他用绸布将蚕种卷裹好，封存入四只木盒子里，圆形的。他找到一个前往大陆的上船处，于三月初登上俄国海岸。为了保存蚕卵的生命力和延长已经不足的卵化前的时间，他选择最北面的路线，寻求冷凉的气温。他加快速度走完西伯利亚的四千公里路程，翻过乌拉尔山，到达圣彼得堡。他花高价购买几百公斤的冰块，将冰块和蚕种一块装进一艘直驶汉堡的货船的底舱。船行六天到岸。他卸下四只木箱，圆形的，乘上一列直达南方的火车。十一个小时的行程之后，火车刚刚驶出一个名叫埃柏菲尔德的小城，就为了贮水而停下来。埃尔维·荣库尔四下张望。夏日的骄阳直晒着麦田以及整个世界。在他对面坐着一个俄国商人。他脱掉鞋子，用一份德文报纸的最后一页扇风。埃尔维·荣库尔打量他。只见他的衬衫上汗渍斑斑，额头上和脖子上沁出汗珠。俄国人笑着说些什么。埃尔维·荣库尔对他微微一笑，站起身来，拿起行李，走下火车。他又爬上最后一节车厢，那是运送冷冻鱼肉的货车。像一张多孔的筛子在漏水。他打开车厢门，爬进货车厢里，一个一个地找出他的木头箱子，圆形的，将它们运到车厢外面，放置在地面上，在轨道的一侧。当火车准备起动时，人们大声喊他赶快上车。他摇头回答，做了一个告别的手势。他看着火车走远，然后消失。他等到连火车的响声也听不见为止，然后朝一只木箱弯下腰，启开封口，将它打开。他同样打开了其他三只箱子。慢慢地，小心翼翼地。

数百万只幼虫。死的。

那是一八六五年五月六日。

五十一

❖

九天后，埃尔维·荣库尔走进拉维尔迪厄。他的妻子海伦远远地望见马车驶上通向别墅的林阴道。她对自己说不要哭泣，不要逃避。

她径自走到大门口，打开门，站在门槛上。

当埃尔维·荣库尔来到她身边时，她微笑。他将她搂入怀中，轻声对她说：

——请留在我身边，我求你了。

那一夜，他们直到很晚都没有去睡觉。他们坐在屋前的草坪上，他挨着她。海伦讲述拉维尔迪厄的事情，讲述在等待中度过的那几个月，以及最后的日子，恐惧的时光。

——你曾经死了。

她说道。

——在这个世界上，美好的东西就一点儿都没有了。

五十二

◈

在拉维尔迪厄的养殖场里，人们望着桑树，桑叶繁盛，却眼睁睁地看着自己破产。巴尔达比乌曾买到几批蚕种，可是幼虫刚出生就死去了。从少量存活的蚕种身上能够获取的生丝只够镇上七家缫丝厂中的两家开工。

——你有什么想法吗？

巴尔达比乌问道。

——一个。

埃尔维·荣库尔回答。

第二天，他宣布他将在夏季的几个月里请人建造他的别墅花园。他在镇里雇用了几十个男人和女人。他们清理山上的树木，使山的轮廓线条变得圆润，使通向别墅的山坡变得平缓。他们用树木和绿篱在地面上清晰地划分出若干小块曲径纵横的园地。他们在一片片白桦树林的中央用各种各样的花草造出花园，为人们突然间敞亮出一块块林中空地。他们从河里引来流水，使之形成一道道清泉，最后流向花园的东端，在那里汇聚成一个小湖，四周草坪环绕。在南边，他们在柠檬树和橄榄树之中用木头和铁丝构筑一只很大的鸟笼，犹如空中挂着的一件精致艺术品。

他们工作了四个月。九月底花园竣工。

在拉维尔迪厄，从没有人见过类似的园林。有些人说埃尔维·荣库尔把他的全部资本都花在这上面了。有些人说他从日本回来后变得不同于从前了，也许有病了。有些人说他将蚕种卖给了意大利人，现在他有一笔黄金财富在巴黎的银行里等着他。有些人说那一年，如果没有他的花园他们就会饿死。有些人说他是一个骗子。有些人说他是一个圣人。某个人说：他背负着什么东西，好像是一种不幸。

五十三

◇◇

关于他的这一次旅行，埃尔维·荣库尔说出来的全部，是蚕卵在一个靠近科伦的小城孵化了，那个小城叫埃柏菲尔德。

在他回来四个月加十三天之后，巴尔达比乌坐到他面前，在湖边，花园的西部边缘，对他说：

——无论如何，或迟或早，你应当对某个人说出真相。

他说得很简单，很费劲，因为他从不相信真相有什么用。

埃尔维·荣库尔抬头望着花园。

时值秋季，四周的光线朦胧虚幻。

——我第一次看见原卿，他身穿一件深色长袍，盘腿坐在屋子的角落里，纹丝不动。有一个女子躺在他身边，头枕在他的怀里。她的眼睛不具有东方人的形状，她的脸是一位妙龄少女的面庞。

巴尔达比乌一直在倾听，静静地，听到了最后，到埃柏菲尔德的火车为止。

他什么也不想。

侧耳倾听，听到的一切令他很难过。最后，埃尔维·荣库尔轻轻地说：

——我连她的声音都从没听见过。

片刻之后：

——是一种奇怪的痛苦。

轻声低语：

——为思念某种永远体验不到的东西而死去。

他们重返花园，一个紧挨着另一个走。巴尔达比乌说的唯一一件事情是：

——可是那个冷血的动物究竟要干什么？

他点到为止。

五十四

◈

新年，一八六八年伊始，日本政府将蚕种出口合法化。

法国在此后的十年里，单单从日本进口蚕种的花费就达到千万法郎。

从一八六九年开始，苏伊士运河通航，那么，去日本只需要不超过二十天，而返程则略少于二十天。

一八八四年将有一个名叫夏尔多奈[1]的法国人获得人造丝绸的专利权。

1　夏尔多奈（Hilaire de Chardonnet, 1839－1924），法国工程师，人造丝绸的发明者。

五十五

◈

在他回到拉维尔迪厄六个月后，埃尔维·荣库尔通过邮局收到一个深黄色的信封。当他打开时，看到里面有七页纸，上面布满了密密麻麻的几何形状的字。黑色墨水。日本象形字。除了信封上的姓名和地址，没有一个用西方字母写的字。从邮戳上看，这封信好像是寄自奥斯当达。

埃尔维·荣库尔将信翻来覆去地看了很久。他觉得那像是一张小鸟脚印的一览表，以一种清醒的疯狂编辑在一起。他突发奇想，认为它们是遗迹，也就是一个说话的人被火化后的骨灰。

五十六

◈

　　埃尔维·荣库尔成天把那封信揣在身上，将它对折，放在衣服口袋里。如果他换衣服，就把它挪到新衣服里。他从不打开来看。当他同一位佃户说话，或者坐在游廊里等待开饭的时候，他会不时地把它拿在手里摆弄。一天晚上，他在书房里，把那封信拿出来，对着灯光打量。在灯光的透视之下，小鸟们的遗骸用含糊不清的声音说话。它们说着完全没有意义的东西，或者是能够解救一个生命的东西。破解它是不可能的，但埃尔维·荣库尔喜欢它。他听见海伦来了。他将信放在桌子上。她走近了，如同所有的夜晚一样，在回到她自己的房间之前，她来与他吻别。当她俯身向他时，睡衣在胸前微微张开。埃尔维·荣库尔看见在睡衣的里面她什么也没有穿，只见她的乳房小巧而洁白，就像一位妙龄少女的乳房一样。

　　他将这样的生活继续了四天，不曾改变日常的任何细节。第五天早晨，他穿上灰色套装，离家去尼姆城。他说天黑前就能回家。

五十七

◈

在莫斯卡大街十二号楼里，一切如三年前一样。寻欢作乐还没有结束。姑娘们全都是年轻的法国女郎。钢琴师用索尔迪纳琴演奏，听得出来是俄国曲子。也许年事已高，也许是病痛在身，他不再在每段曲终时将右手插进头发里，不再轻声嘀咕：

——结束了。

他哑然无语，只是不安地看着自己的双手。

五十八

◈

布朗什夫人一声不吭地迎接他。头发黑黑的，闪光发亮。东方人的脸庞，完美无瑕。手指上戴着蓝色小花朵，像戒指一样。一袭长裙，洁白，几乎透明。双脚赤裸。

埃尔维·荣库尔坐在她对面。他从衣服口袋里掏出那封信。

——您记得我吗？

布朗什夫人微微颔首以示肯定。

——我再次有求于您。

他将信递给她。她没有任何理由这么做，但她接过信，打开了。她逐页地浏览了七页信纸，然后抬头看埃尔维·荣库尔。

——我不喜欢这种语言，先生。我要忘掉它，我要忘掉那块土地，忘掉我在那里的生活，以及一切。

埃尔维·荣库尔一动也不敢动，用两手紧紧地抓住椅子的扶手。

——我会为您读这封信。我会做的，而且我不收钱。但是我要一个承诺，您以后将不再来问我这样的事情。

——我答应您，夫人。

她牢牢地盯住他的眼睛，然后将目光落到第一页信纸上，糯米纸，黑色墨水。

——我敬爱的先生。

她说道。

——不要害怕，不要动，别说话，没有人会看见我们。

五十九

◇

——你就这样待着，我要仔细地看看你。我注视你很久，你却不在意我。现在你属于我，我请求你，不要靠近，就留在你现在的位置。我们有一个共同的夜晚，我要好好地端详你。我过去从未这么看过你，你的身体属于我，你的皮肤，闭上眼睛，抚摸你自己，我求你了。

布朗什夫人说，埃尔维·荣库尔听。

——不要睁开眼睛，如果你能做到的话。抚摸你自己，你的双手是如此美丽。我多次梦见这双手，现在我要好好地看看它们，我喜欢看见它们放在你的肌肤之上，就是这样。我请你继续下去，不要睁开眼睛。我在这里，没有人会看见我们，我离你很近，抚慰你自己，我尊敬的先生。摸摸你的阴茎，我请求你，轻轻地。

她停住不说了。

——请您往下说，我求您了。

他说道。

——你的手放在阴茎上很美，不要停下来，我喜欢看它，喜欢看你，我尊敬的先生。不要睁开眼睛，还不到睁开的时候。你不应当害怕，我就在你身边，你感觉到我了吗？我在这里，我能够触摸到你，这是丝绸，你感觉到了吗？这是我的丝绸裙子，你不要睁开眼睛，你将接触到我的肌肤。

她口述，念得细声细气，用一种未成年女性的声音。

——你会得到我的嘴唇，我第一次碰你时将用我的嘴唇，你不会知道它将落在哪里。到那一刻，你将感觉到你身上有我嘴唇的温热。你没有睁开眼睛，不可能知道我的嘴唇在哪里。不要睁开，你将会在你事先不知道的地方感觉到我的嘴唇，在突然之间。

他静静地听着，一条白手绢，纯白色的，显露在灰色套装的胸前小口袋上。

——也许将在你的眼睛上。我将把我的嘴唇靠上你的眼皮和睫毛，你将会感觉到温暖进入你的大脑，感觉到我的嘴唇在你的眼睛里，就在那里面。或者，也许放在你的阴茎上。我的嘴唇将停靠在那下面，在一点一点地往下滑时，我将张开嘴。

她口述，头俯伏在鲜花之上，一只手摩挲着脖子，慢条斯理。

——我将用你的阴茎启开我的嘴唇，进入我的双唇之间，顶住我的舌头。我的口水将沿着你的肌肤流到你的手里，我的吻和你的手，手盖住吻，都在你的阴茎上。

他听着，两眼直直地看着一架银制相框，空空地，挂在墙上。

——直到最后，我将吻你的心，因为我要你；我将咬你心脏外面的肌肤，因为我要你；有你的心在我的双唇之间，你将是我的，真正地是我的；有我的嘴在你的心上，你将是我的，永远是我的。

如果你不相信我，你就睁开眼睛，我尊敬的先生，你看着我，是我，将来谁都不可能忘记在这一瞬间发生的事情，我的这个身体褪去了丝裙，你的双手触摸着它，你的两眼注视着它。

　　她口述，身体向灯光倾斜，灯光照亮信纸，也把她那透明的衣裙照得通透。

　　——你的手指探入我的阴户，你的舌头贴着我的嘴唇，你滑到我的身体之下，搂着我的腰，支撑着我，你让我轻轻地滑落到你的阴茎处。谁能忘记这一刻？你进入我的身体，轻柔地活动。你的双手放在我的脸上，你的指头伸进我的嘴里，快乐在你的眼里，你的声音里。你小心地使劲，但是最后弄痛了我。我的快乐，我的声音。

　　他听着，有时转脸望她，看到她，他想垂下目光却做不到。

　　——我的身体压在你的身体之上，你的脊背支撑着我的身体，你的双臂不让我离开。在我的身体里的撞击，是温柔的暴力。我看见你的眼睛在我的眼睛里探寻，想知道在什么地方弄痛了我。到你想去的地方吧，我尊敬的先生，没有终点，没有结束。你在看吗？谁也不会忘记发生这一切的这一时刻，你永远是叫喊着头向后仰，我永远是闭着眼睛。泪珠从睫毛上滚落，我的声音被你的声音压过，你用力搂紧我，我来不及逃跑，没有力气抵抗。只能是这样的时刻。现在有这样的时刻，相信我，我尊敬的先生，将来有这样的时刻，从今往后，将会保持终生。

　　她口述，声音细若游丝，后来停止了。

　　她手上拿的那张纸上没有字了：最后一页。但是当她将这一页翻转过来放好时，发现背面还有几行字，用黑色墨水整整齐齐地写在白纸的正中央。她抬头看埃尔维·荣库尔。他的眼睛正盯住她。她发现那双眼睛美丽绝伦。她将目光收回到信纸上。

　　——我们将不再见面，先生。

　　她口述。

　　——那些属于我们的，我们做过了，你明白。请你相信我：我们做过的事情将会永存。请记住你与我同居的生活。忘记这个现在对你说话的女人，将有益于你的幸福，你一刻也不要犹豫，不要惋惜。永别了。

　　她的眼光在那张信纸上驻留了一会儿，然后把它和其他几张信纸一起搁置在身边的一张浅色小木桌上。埃尔维·荣库尔坐着没动。他只转过头来，垂下眼睛。他凝视着右腿裤子上从大腿根至膝盖的那条隐约可见的笔直裤线，神情泰然自若。

　　布朗什夫人站起身来，弯腰将那盏灯熄灭。房间里只剩下通过窗户，由客厅照射过来的微弱亮光。她走近埃尔维·荣库尔，从手指上摘下一枚蓝色小花做成的戒指，放在他的身边。她穿过房间，打开一扇隐藏在墙壁里的彩绘小门，就销声匿迹了，让身后的那扇门半掩着。

　　埃尔维·荣库尔在那种奇特的光线中坐了许久，手指间转动着那枚蓝色小花戒指。从客厅传来枯燥的钢琴声，消磨着时光。而他对于时间几乎失去了感觉。

　　他终于站起来，走近浅色小木桌，收起那七张糯米纸。他走出房间，路过那扇虚掩的小门时不曾回头，径直离去。

六十

⬦

埃尔维·荣库尔为自己选择了一无所求的人那种清静如水的生活，安度以后的岁月。他以节制的激情守护自己的日子。在拉维尔迪厄，人们重新欣赏他，因为他们认为在他身上看到了一种正确的处世之道。他们说他年轻的时候，在去日本之前原来就是这样。

他养成了每年携妻子海伦做一次短途旅行的习惯。他们去观光拿波里、罗马、马德里、摩纳哥、伦敦，有一年远至布拉格。在那里他觉得一切像是——戏剧。他们没有期限也没有计划地漫游。一切都令他感到新奇，连他们之间的幸福也令他暗自惊喜。当他们思念清静的生活时，就回到拉维尔迪厄。

如果有人向他问起，埃尔维·荣库尔就会回答，他们将永远如此生活下去。他的心里有着找到自己位置的人们所有的那种坚不可摧的平静。每逢有风的日子，他便穿越花园走到湖畔，在岸边流连几小时，观看水面皱起的波纹形成意想不到的图画，有时光华四射。那时唯有风在。可是在那如镜的水中，吹过万千气象。从四面涌起。一出戏剧。轻松，而无法解释。

　　在有风的日子，埃尔维·荣库尔时常走到湖边，数小时地观看这种景象，虽然出现在水面上，他觉得看到的轻松而无法解释的戏剧场景，就是他的生活。

六十一

◇

一八七一年六月十六日，在凡尔登咖啡馆的后间里，将近中午时分，断臂者不可思议地四连击，捞回比分。巴尔达比乌仍然俯身于球台之上，一只手反在背后，一只手握着球杆，不肯相信。

——算了。

他伸直腰身，放下球杆，不打招呼就出门了。三天之后，他走了。他把自己的两家缲丝厂赠送给埃尔维·荣库尔。

——我再也不想管有关丝绸的事情了，巴尔达比乌。

——卖掉它们，傻子。

谁也猜不出他想去什么鬼地方，以及去干什么。他只是说了一些关于圣安妮丝的话，谁都没有听明白。

他出发的那天早晨，埃尔维·荣库尔和海伦一起去送行，送他至阿维尼翁火车站。他只带了一只手提箱，这也令人颇为费解。当他看到停在轨道上的火车时，就把箱子放到地上。

——有一次，我认识了一个人，他让人修了一条自己专用的铁路。

他说道。

——妙处是修得笔直，上百公里不拐弯。还有一个原因，但是我不记得了。原因总是记不住的。总而言之，再见。

他不擅长讲严肃的话题。一声道别就是正经话了。

他们看着他，他和他的箱子，永远地离去了。

这时，海伦做出了一个不同寻常的举动。她离开埃尔维·荣库尔，跟在他身后跑起来，直到追上他，将他搂住，紧紧地，一边拥抱一边大哭。

她从未哭过，海伦。

埃尔维·荣库尔以可笑的价格将两座缫丝厂卖给了米歇尔·拉利奥特，一个善良的人。二十年来，他每天傍晚同巴尔达比乌玩多米诺骨牌，他总是输，却坚持不懈。他有三个女儿。两个大的叫弗洛伦思和西尔维亚，而老三叫安妮丝。

六十二

三年之后，一八七四年冬季，海伦生了一种头部发烧的病，没有医生能够解释和治疗。三月初，她死了，在一个下雨的日子。

拉维尔迪厄的全体居民都来送葬，默默地把她送到山谷里的墓园。因为她是一个快乐的女人，生前从未给别人造成痛苦。

埃尔维·荣库尔让人在她的坟墓上仅刻了一个字：唉。

他向大家致谢，千百次地说他不需要什么，回到家里。他从未觉得家是这么大，也从未觉得他的命运是这么不合逻辑。

由于绝望，他并没有极端的表现，开始打量自己生活中剩余的部分，并重新加以照料。在一个暴风雨后的清晨，他以一个园丁坚不可摧的坚强意志投入工作。

六十三

　　海伦去世后两个月又十一天，埃尔维·荣库尔去了墓地，突然发现，在他每周于妻子坟前摆放的玫瑰花旁边，出现了一个用小朵蓝花编织的花环。他弯腰凝视着这些蓝色小花，长久地保持这种状态，使得远处路过的目击者不能不得出结论，说他的表现实在独特，有人甚至说可笑。他回到家里后，没有出门去花园干活——不像往常那样，而是待在书房里，沉思。一连数日，不做其他的事情。沉思默想。

六十四

◈

　　在莫斯卡街十二号，他看到的是一个裁缝开的工厂。人们告诉他，布朗什夫人多年不住在那里了。他打听到她已迁居巴黎，在那里，她成为一个很重要的人物的情妇，供养她的那个人可能是一个政客。

　　埃尔维·荣库尔去了巴黎。

　　他花了六天时间才得知她住在哪里。他寄去一张短笺，请求她接见。她回信说于第二天下午四点恭候光临。很准时地，他登上一座富丽堂皇的大楼的第三层，楼房的四周簇拥着金莲花。一位女佣为他打开大门，引他进入客厅，请他坐下。布朗什夫人身着一件非常华丽和非常法国化的衣服出场。她的头发披散在肩头，是巴黎流行的那种样式。她的手指上没有戴蓝花戒指。她一声不响地在埃尔维·荣库尔对面坐下。他只能等待。

　　他两眼正视着她，但就像一个小孩能做的那样。

　　——您写了那封信，对吗？

　　他说道。

　　——海伦请求您写，您就写了。

布朗什夫人端坐不动，没有垂下目光，没有流露出半点惊讶。
然后她说出的那句话是：

——写信的不是我。

沉默。

——那封信是海伦写的。

沉默。

——当她来找我时她已经写好了那封信。她请我用日文抄写。我照办了。这就是事情的真相。

那一刻，埃尔维·荣库尔明白这些话将在他耳畔回响一辈子。他站起身来。双脚在原地停立，好像突然间忘记要去哪里。布朗什夫人的声音仿佛从远处传来。

——她还愿意念给我听，那封信。她有一副极美的嗓音。她带着一种我永远也不能忘怀的激情念那些话。她假装是别的什么人，其实，那是她的话。

埃尔维·荣库尔正拖着极其沉重缓慢的脚步，走出房间。

——您得知道，先生，我相信她希望自己是那个女人，超过其他任何愿望。您不能理解。但是我听过她念那封信，我知道是这样。

埃尔维·荣库尔已经走到门前。他将一只手按在门把上。他没有回头，轻声说：

——永别了，夫人。

他们从此再也没有见过面。

六十五

◈

　　埃尔维·荣库尔又活了二十三年，其中大部分的日子过得健康自在。他不再离开拉维尔迪厄，也从不离开他的家。他明智地管理他的财产，始终能够支付维修花园的费用。日深月久，他开始热衷于一件他过去一贯不愿做的事情：向来访者讲述他的旅行。拉维尔迪厄的人们听他的故事，认识了世界，孩子们知道了什么是奇遇。他轻声地叙说，凝视着空中别人看不见的什么东西。

　　星期天，他去镇上参加大礼弥撒。每年巡视一次缫丝厂，去摸一摸刚刚生产出来的蚕丝。当心里感到寂寞难耐的时候，他就去墓地同海伦说话。其余的时间，他就消磨在惯常的生活琐事之中，无暇去想不愉快的事情。在有风的日子里，他不时走到湖边，逗留几小时，观望水面上荡漾的波纹，他觉得是在观看轻松而又无法解释的戏剧演出。而那，曾是他的生活。

图书在版编目（CIP）数据

海上钢琴师 /（意）亚历山德罗·巴里科
(Alessandro Baricco) 著；吴正仪，周帆译 . -- 长沙：
湖南文艺出版社，2017.9
ISBN 978-7-5404-8273-2

Ⅰ . ①海… Ⅱ . ①亚… ②吴… ③周… Ⅲ . ①长篇小
说—小说集—意大利—现代 Ⅳ . ① I546.45

中国版本图书馆 CIP 数据核字 (2017) 第 192412 号

著作权合同登记号: 18-2012-364, 18-2012-365

海上钢琴师
HAISHANG GANGQINSHI

[意] 亚历山德罗·巴里科 著　　　吴正仪 / 周帆 译

出 版 人　曾赛丰
出 品 人　陈　垦
出 品 方　中南出版传媒集团股份有限公司
　　　　　上海浦睿文化传播有限公司
　　　　　上海市巨鹿路 417 号 705 室 (200020)
责任编辑　耿会芬
装帧设计　曾国展
责任印制　王　磊
出版发行　湖南文艺出版社
　　　　　长沙市雨花区东二环一段 508 号 (410014)
网　　址　www.hnwy.net
经　　销　湖南省新华书店
印　　刷　河北鹏润印刷有限公司

开本：880mm×1230mm 1/32　　印张：5.75　　　字数：52 千字
版次：2017 年 9 月第 1 版　　　2019 年 12 月第 1 版第 6 次印
书号：ISBN 978-7-5404-8273-2　　刷定价：48.00 元

出　品　人：陈　垦
策　划　人：余　西
监　　　制：仲召明
出版统筹：戴　涛
编　　　辑：杨俊君
装帧设计：曾国展
版式设计：凌　瑛

投稿邮箱：insightbook@126.com
新浪微博：@浦睿文化